Gemüseleicht

Clare Matthews

Impressum

Aus dem Englischen von Dr. Wolfgang Hensel

Umschlaggestaltung von Solutioncube GmbH, Reutlingen unter
Verwendung von 4 Farbfotos. Vorderseite: Getty Images/Dougal
Waters, Rückseite: Alle 3 Fotos von Fotolia.com (1 v. li: David Whit-
field, 2 v. li. pgm, 3 v. li. Aurélien Lange).

Titel der Originalausgabe: The Low Maintenance Vegetable Garden
erschienen bei New Holland Publishers (UK) Ltd. unter der
Original-Nr. 978 184773 551 5
© 2010 New Holland Publishers (UK) Ltd.
Text copyright © 2010: Clare Matthews
Photo copyright © 2010: Clive Nichols
All rights reserved

Mit 230 Farbfotos

Unser gesamtes lieferbares Programm und viele
weitere Informationen zu unseren Büchern,
Spielen, Experimentierkästen, DVDs, Autoren und
Aktivitäten finden Sie unter www.kosmos.de

Für die deutschsprachige Ausgabe:
1. Auflage
© 2010, Franckh-Kosmos Verlags-GmbH & Co. KG, Stuttgart.
Alle Rechte vorbehalten
ISBN 978-3-440-12501-4

Redaktion: Lars Weigelt
Gestaltung und Satz: Kullmann & Partner GbR, Stuttgart
Produktion: Kullmann & Partner GbR, Stuttgart

Printed in Malaysia / en Malaysia

Inhaltsverzeichnis

Einleitung 6

Wege zum Erfolg 8

1 Gestaltung, Anlage & Planung 14

Gestaltung 16 • Anlage 24 • Planung 38

2 Die Pflanzen 42

Auswahl 44 • Pflegeleichtes Gemüse 48

3 Anbau & Pflege 162

Der Boden 164 • Nie mehr umgraben! 166 • Wunderbarer Mulch 168 •
Düngen & Dünger 170 • Säen 172 • Pflanzen 175 • Pflanzabstände 176 •
Jäten 179 • Gießen 180 • Fruchtfolge 182 • Schädlinge 184 •
Begleitpflanzen 188 • Naschbalkon 190 • Kalender 192

4 Der pflegeleichte Gemüsegarten 196

Kompost leicht gemacht 198 • Laubkompost 201 • Wichtige Werkzeuge 202 •
Gartenparadies 206

Fachbegriffe verstehen 218

Register 220

Einleitung

Obst und Gemüse aus dem eigenen Garten sind unschlagbar! Kein Fertigprodukt kann sich mit dem köstlichen Geschmack von Obst und Gemüse aus eigenem Anbau messen. Was ist schöner, als die Pflanzen wachsen zu sehen und die Ernte als Höhepunkt der Arbeit? In unseren oft hektischen Zeit, lohnt sich das Arbeiten mit der Natur.

Eigenes Obst und Gemüse anzubauen, wird zunehmend beliebter – vielleicht kein Wunder in einer Zeit, da wir uns bewusst werden, wie wichtig gute Ernährung und der Schutz der Natur sind. Für die Generationen unserer Vorfahren war die Arbeit im Gemüsegarten eine Selbstverständlichkeit. Heute ist das alte Wissen fast verloren und nur wenige Menschen finden die nötige Zeit.

Ich erinnere mich, wie ich als Kind mit meinem Großvater in den Gemüsegarten ging. Er füllte einen Korb mit allerlei Köstlichkeiten, die meine Familie mit nach Hause nehmen durfte. Auf dem Weg von Beet zu Beet naschte ich frische Erbsen oder reife Erdbeeren, die noch warm von der Sonne waren. Für meinen Großvater gehörte die Gartenarbeit zum Leben. Inzwischen bis ich selbst begeisterte Gärtnerin und versuche, meiner Familie diese faszinierende Erfahrung zu vermitteln. Nach dilettantischen Anfängen haben wir uns vor einigen Jahren ein Grundstück auf dem Land gekauft und ich bekam die Chance, einen richtigen Gemüsegarten anzulegen.

Es gab allerdings einen großen Nachteil. Ich hatte praktisch nur an den Wochenenden Zeit, mich um meinen Garten zu kümmern und selbst dann warteten noch eine Menge anderer Dinge: meine Arbeit und unser chaotisches Familienleben mit drei Kindern. An eine Hilfskraft dachte ich nie, denn ich wollte selbst anpacken und die Jahreszeiten im Garten erleben. Ich wollte die Verbindung zur Natur und ihre Wunder spüren. Der direkte Kontakt mit dem Gemüse war Teil des Vergnügens. Inzwischen sind mehrere Jahre vergangen und mein „Wochenendgarten" ist verblüffend produktiv geworden. Ich habe entdeckt, wie man mithilfe einiger Tricks und Kniffe auch mit wenig Zeit zahlreiche Produkte in einem Garten erzeugen kann.

Mit den Strategien, die ich hier vorstelle, habe ich meinen Wochenendgarten zu einer Erfolgsgeschichte gemacht – mit geringem Zeitaufwand. Mit etwas gesundem Menschenverstand, zeitsparenden Arbeitstechniken und Konzentration auf das Wesentliche wird es leicht, Gemüse anzubauen. Ich will nicht verschweigen, dass mein Gemüse gelegentlich fast unter Unkräutern verschwand und ich es ab und zu vernachlässigen musste, doch die Ernten waren eigentlich immer gut – und köstlich! Vermutlich hätte ich mit größerem Aufwand mehr geerntet, aber ich war mit der Ausbeute völlig zufrieden.

Lesen und befolgen Sie meine Ratschläge. Ich wünsche Ihnen einen wunderschönen und produktiven Gemüsegarten, viel Erfolg und vor allem Spaß an der Arbeit!

Clare Matthews

Rechts Das sind nur einige Beispiele für die ungezählten Geschmäcker und Aromen, die man in einem Gemüsegarten ernten kann.

Wege zum Erfolg

Sie haben sich entschlossen, eigenes Gemüse anzubauen? Der erste Schritt ist die Planung. Der Gemüsegarten sollte praktisch, leicht zu bearbeiten und nicht zu ambitioniert sein. Die Gestaltung des Gartens, seine Größe, die Anordnung der Beete, die Wege, sogar die Lage des Grundstücks bestimmen darüber, wie produktiv er ist und welchen Arbeitsaufwand er erfordert.

Planen Sie voraus

❧ Schreiben Sie auf eine Pflanzliste, was Sie zu Beginn des Jahres pflanzen möchten und halten Sie sich daran. Erkundigen Sie sich schon im Winter bei einer guten Gärtnerei, welche Samen, vorgezogenen Pflänzchen, Zwiebeln oder Knollen sie zu welcher Zeit liefern kann. Eine gute Organisation erspart später viel Arbeit.

❧ Überlegen Sie sich, wie viel Gemüse Ihre Familie essen wird und stellen Sie einen Zeitplan auf. Es macht zwar viel Freude, Gemüse aus dem eigenen Garten zu verschenken, aber für diese überzähligen Produkte müssen Sie Arbeitszeit und Platz im Beet opfern. Ich kenne nur zu gut die Lust, in einem Pflanzen-Katalog zu blättern und zu bestellen, aber Sie sollten nur ordern, wofür Sie Platz haben. Die Porträts auf den Seiten 48–161 geben Ihnen eine ungefähre Vorstellung davon, wie viel Raum eine Sorte benötigt. Letztlich müssen Sie aber eigene Erfahrungen sammeln.

❧ Schreiben Sie Listen, gute Tricks (und Fehler) in ein Gartentagebuch; auch erfolgreiche Pflanzpläne gehören dort hinein. Kaufen Sie kein wertvolles Heft; es muss vor allem praktisch sein, denn etwas Dreck lässt sich nicht vermeiden.

Einfach halten

❧ Gerade als Einsteiger sollten Sie einen hohen Anteil „sicherer" Gemüse pflanzen, die nicht viel Arbeitsaufwand erfordern. Solche produktiven, anspruchslosen Sorten bilden das Rückgrat jedes pflegeleichten Gemüsegartens. Halten Sie sich von den empfindlichen Primadonnen der Gemüsewelt fern. Auf den Seiten 44–47 habe ich Informationen zu den (fast) Selbstläufern und ihren empfindlicheren Verwandten zusammengestellt. Eine anspruchslose Pflanze bedeutet keineswegs, dass sie den Anbau nicht wert ist: Kartoffeln verzeihen fast alles und doch gibt es kaum etwas Köstlicheres als eine frisch ausgegrabene Kartoffel.

❧ Entscheiden Sie sich möglichst für Sorten mit Krankheits- und Schädlingsresistenz. Damit sparen Sie den Aufwand, die Pflanzen gegen Befall zu schützen. In den Listen (S. 48–161) sind einige Resistenzen erfasst, doch die Züchter bringen ständig neue, besser angepasste Sorten heraus.

Rechts Der Porree 'Pancho' und die Rote Bete 'Boltardy' sind robuste Sorten mit sehr gutem Geschmack.

❧ Versuchen Sie, möglichst viele Produkte aus vorgezogenen Pflänzchen anzubauen. Das Säen zu umgehen, spart enorm viel Zeit. Vergessen Sie das dumpfe Gefühl von „Betrug", weil Sie nicht mit Schalen voller Keimlinge hantieren, sie vereinzeln, hegen und pflegen und schließlich ins Freiland setzen. Überlassen Sie diese Arbeit den professionellen Gärtnern und ihren Gewächshäusern. Ich habe weder ein Gewächshaus noch die nötige Zeit und bestelle Pflanzen auf Termin, wenn ich Zeit habe, sie ins Beet zu pflanzen. Natürlich kosten Pflanzen mehr als Samentüten, aber mein eigenes Gemüse ist immer noch preiswerter als die Produkte aus dem Supermarkt – und viel leckerer! Da ich außerdem eine abgezählte Menge an Keimpflanzen bekomme, ist die Ernte besser vorhersagbar.

❧ Wenn Sie unbedingt säen möchten, entscheiden Sie sich für robuste Sorten, die Sie ohne Umweg über die Keimschalen direkt ins Beet säen können.

❧ Auf S. 166 stelle ich eine Methode zur Bodenbearbeitung vor, die ohne das traditionelle Umgraben der Beete im Herbst auskommt. Stattdessen verteile ich im Frühjahr gut verrotteten Gartenkompost auf den Beeten und überlasse den Rest den Würmern, die das organische Material in den Boden ziehen. Mulchen ist mit viel weniger Arbeitsaufwand verbunden als Umgraben. Außerdem fördert es die natürlichen Prozesse: Der Boden ist fruchtbarer als in einem mit harter Arbeit umgegrabenen Beet.

❧ Verwenden Sie unterschiedliche Mulchmaterialien, um das Unkraut zu unterdrücken und den Wasserverlust zu senken. Mulch ist leicht verfügbar und lässt sich problemlos ausbreiten. Eine Mulchschicht lässt das Unkraut nicht hochkommen, hält die Feuchtigkeit im Boden zurück – und Sie ersparen sich das Jäten. Auf den Seiten 168–169 finden Sie ausführliche Informationen zum fantastischen, zeitsparenden Mulch.

❧ Installieren Sie ein Bewässerungssystem und gehen Sie klug mit dem Wasser um. Die Bewässerung der Beete gerät vielen Gemüsegärtnern zur lästigen Pflicht. Sie wässern zu viel oder setzen das Wasser falsch ein. Ich versorge meine Pflanzen ganz bewusst mit wenig Wasser, damit sie tief reichende Wurzeln bilden und weniger anfällig gegen Phasen der Trockenheit werden. Während manche Pflanzen fast völlig ohne Wasser auskommen, gibt es andere, die zu bestimmten Zeiten auf Wasser angewiesen sind (vor allem Jungpflanzen) und es dem Gärtner mit reichlicher Ernte danken. Selbst ein ganz einfaches Bewässerungssystem nimmt dem Gärtner sehr viel Arbeit ab. Die meisten Gartencenter und Baumärkte bieten entsprechende Systeme an, die sich kinderleicht zusammenbauen lassen. Je länger Sie einen Garten allein lassen müssen, desto mehr zahlt sich eine automatische Bewässerung aus. Nähere Informationen dazu finden Sie auf S. 36–37.

❧ Verzichten Sie auf ein Gewächshaus. Die Unterhaltung kostet Zeit: Sie müssen die Lüftung einstellen und die Temperatur regulieren. Ein Gewächshaus und sein Unterhalt sind teuer: Sparen Sie das Geld und investieren Sie es in vorgezogene Gemüsepflänzchen aus der Gärtnerei, die ohne Umweg über das Gewächshaus sofort eingepflanzt werden.

❧ Beugen Sie der Ausbreitung von Krankheiten und Schädlingen vor, denn ein etablierter Schaden ist viel schwieriger zu bekämpfen. Das gilt umso mehr, wenn Sie wie ich gegen den Einsatz von chemischen Mitteln sind. Wer nur am Wochenende Zeit für die Gartenarbeit findet, muss vorbeugende Maßnahmen ergreifen, damit die Schädlinge nicht die Hälfte der Ernte rauben.

❧ Reden Sie mit Gärtnern vor Ort, die sich mit der Situation auskennen. Fragen Sie nach den Bodenverhältnissen, was besonders gut wächst und welche Krankheiten auftreten. Auf diese Weise sammeln Sie rascher einen wichtigen Schatz an Erfahrungen, als wenn Sie sich jahrelang über Versuch und Irrtum an das Optimum herantasten. Die meisten Gärtner teilen gerne ihre Erfahrungen mit.

Links Diese 'Racer'-Kürbisse sind nicht nur gut für Halloween. Sie lassen sich einfach ziehen und eignen sich gut, um Kindern Lust an der Gartenarbeit zu machen. Da sie viel Platz brauchen, passen sie leider nicht in kleine Gärten.

Bodenbearbeitung

❧ Gemüse und Obstgehölze gedeihen besser in guten, fruchtbaren Böden. Es ist nicht besonders sinnvoll, sich kopfüber ins Säen zu stürzen, bevor nicht der Boden optimal vorbereitet wurde. Die Bodenbearbeitung gehört zu den Aufgaben, bei denen Sie nicht nachlässig sein dürfen. Um es einfach auszudrücken: Der Boden ernährt die Pflanzen, die Pflanzen ernähren Sie. Nur ein guter, fruchtbarer Boden liefert reichliche Ernte!

❧ Die Pflanzen, die in einem fruchtbaren Boden wachsen, sind kräftiger und werden leichter mit Schwierigkeiten fertig. Auf S. 166 stelle ich ein System der Bodenbearbeitung vor, das mit geringem Aufwand die Fruchtbarkeit erhält.

Immer ruhig bleiben

❧ Setzen Sie Prioritäten und erledigen Sie die Arbeiten in der verfügbaren Zeit. Je weniger Zeit Sie haben, desto genauer sollten Sie planen, was sich in dieser kurzen Phase sinnvoll erledigen lässt. Zeitlich besonders dringlich ist die Aussaat bzw. das Einpflanzen der Keimpflänzchen (ohne sie keine Ernte!), dann kommt das Gießen oder Einstellen des Bewässerungssystems. Alles Übrige kann erst einmal warten.

❧ Solange es nicht wirklich stört, vergessen Sie das Unkraut, bis Sie Zeit zum Jäten finden. Manche Unkräuter richten kaum Schaden an und können bleiben, wo sie sind. Andere sollten dagegen so schnell wie möglich entfernt werden, um später Zeit und Mühe zu sparen. Auf S. 179 stelle ich einen pragmatischen Umgang mit den Unkräutern vor.

❧ Rechnen Sie mit Rückschlägen. Alle Gärtner sind davon betroffen und nicht immer gibt es eine vernünftige Erklärung dafür.

❧ Ihre Arbeit war erfolgreich, wenn Gemüse und Obst gut schmecken, selbst wenn die Beete vielleicht nicht so perfekt aussehen wie im Lehrbuch. Schrauben Sie Ihre Erwartungen nicht zu hoch. Mit viel Zeit, Geld oder professioneller Hilfe kann jeder erfolgreich sein – alles schön in Reih' und Glied und einem Boden, der wie geleckt aussieht. In einem „normalen" Garten muss nicht alles perfekt aussehen, solange er nur hervorragende Produkte liefert.

Spaß muss sein!

❧ Bauen Sie nur an, was Sie auch wirklich gerne essen, denn nur wenn Sie den anfänglichen Enthusiasmus bewahren, wird der Garten zum Erfolg. Gartenarbeit ist langwierig, es ist wichtig, dass Sie sich jeden Tag fragen, wann endlich Erntezeit ist. Warum sollten Sie Zeit und Platz für Kohlköpfe opfern, wenn Sie ein anderes Gemüse viel lieber essen?

❧ Fangen Sie mit wenigen Produkten an; der Gemüsegarten darf keine Belastung werden. Halten Sie alles in einem überschaubaren Rahmen. Nur auf diese Weise können Sie auch erfolgreich ernten, was Sie gepflanzt haben. Sobald die Gartenarbeit zur Belastung und lästigen Pflicht wird, leiden die Pflanzen und Ihr Scheitern ist vorprogrammiert. Fangen Sie klein an, sammeln Sie Erfahrung und Selbstvertrauen – später können Sie sich mehr vornehmen. Dieser Tipp ist umso wichtiger, je weniger Zeit Sie haben.

❧ Verwandeln Sie Ihren Garten in ein kleines Paradies, in dem Sie sich gerne aufhalten. Bei beschränkter Zeit werden Sie sich lieber in einem hübschen, angenehmen Wohlfühlgarten aufhalten wollen – sogar bei der Arbeit. Denken Sie an ansprechende Dekorationen und stellen Sie eine Bank für eine kleine Kaffeepause auf. Eine Mischbepflanzung mit Schnittblumen zwischen den Reihen bereichert Ihren Garten um Duft und leuchtende Farben und verwandelt ihn in einen Ort, an dem Sie sich gerne aufhalten. Auf den Seiten 214 – 217 finden Sie einige Ratschläge, wie Sie Ihrem Gemüsegarten einen ganz besonderen Schliff geben können.

Rechts Bewahren Sie die wichtigsten Werkzeuge griffbereit in einem hübschen Korb oder Eimer auf; das spart viel Zeit.

Gestaltung, Anlage & Planung

Wer sich schon im Vorfeld viel Mühe gibt, wird mit einem Garten belohnt, in dem Alles bestens und ohne unnötigen Aufwand funktioniert. Investieren Sie etwas Zeit, denken Sie nach und informieren Sie sich, damit Ihr Garten zum Erfolg wird: Welche Beete sind pflegeleicht? Wo sollen Wege verlaufen? Welche Pflanzen gehören auf die Liste, damit Sie Ihre Familie mit nahrhaften, leckeren Produkten versorgen können? Die Ersteinrichtung des Gartens kostet besonders viel Zeit, Geld und Mühe. Es gibt eine schier unendliche Vielfalt an Möglichkeiten, von einfachen, in den Rasen gegrabenen Beeten bis zu Hochbeeten in ansprechenden, geometrischen Mustern, eingerahmt von Ziegelsteinen. Sie brauchen weder ein perfekter Heimwerker zu sein, noch über unbegrenzte Geldmittel zu verfügen. Natürlich können Sie auch Fachleute engagieren, aber lassen Sie eigene Vorstellungen einfließen.

Gestaltung

Der richtige Standort

Die Wahl des besten Standorts ist der erste Schritt zur erfolgreichen Ernte. Wenn Sie den Gemüsebeeten den besten Platz im Garten zugestehen, sparen Sie sich viel Arbeit, einen weniger guten Platz entsprechend umzugestalten. Natürlich ist es völlig in Ordnung, gewisse Standortnachteile auszugleichen, aber noch besser wäre ein von Anfang an optimaler Platz. Beete nahe am Haus oder als Vorgarten sollten besonders hübsch anzusehen sein. Der ideale Standort ist sonnig und geschützt, hat guten, wasserdurchlässigen Boden, der weder unter Staunässe leidet, noch zum Austrocknen neigt; auch Wurzelkonkurrenz mit großen Bäumen und lange Schattenphasen wirken sich negativ aus.

Manche Probleme lassen sich beheben. Sie können Beete durch Zäune oder einem Rankgitter mit robusten Kletterpflanzen gegen Wind schützen. Magere Böden können Sie düngen oder Sie fügen Hochbeete (siehe S. 17 – 18) in den Garten ein. Schnitt behebt dichten Gehölzschatten. Bleiben Sie aber stets realistisch.

Auf einen Blick
Legen Sie den Gemüsegarten am Standort mit den besten Wachstumsbedingungen des Gartens an. Ideal ist ein sonniger, geschützter Platz mit gutem, wasserdurchlässigem Boden.

Größe

Ein großer Gemüsegarten mit Reihen von Gemüse aller Art ist ein wundervoller Traum, der sich aber insbesondere bei Einsteigern in einen abenteuerlichen Alptraum verwandeln kann. Wenn notwendige Arbeiten liegen bleiben oder der Kampf gegen problematische Schädlinge und Krankheiten kein Ende nimmt, resultieren daraus Enttäuschung und eine schlechte Ernte. Fangen Sie besser mit einer Fläche an, die höchstens ein Viertel der Traumgröße ausmacht, dann können Sie die knappe Zeit im Garten wirklich genießen und sich auf eine ordentliche Ernte freuen. Kleine Flächen werden eher zum Triumph und zur Freude als zur Belastung. Sobald Sie mehr Erfahrung gesammelt haben, können Sie die Beetfläche immer noch erweitern.

Ich habe meinen Gemüsegarten zweimal vergrößert; er ist jetzt viermal so groß wie am Anfang. Begonnen hatte ich mit zehn Hochbeeten von insgesamt 17 m²; im zweiten Jahr kamen zwei deutlich größere Flächen dazu. Da alles gut ging, legte ich im dritten Jahr vier große neue Beete an. Insgesamt ist die Fläche nun 67 m² groß. Meine letzte Erweiterung war ein größeres Spargelbeet. Ich würde die Fläche zwar gerne noch etwas erweitern, bin aber an meine Obergrenze gestoßen – mehr kann ich nicht mehr sinnvoll bearbeiten.

Wenn Sie einen Schrebergarten haben und Ihnen die Fläche zu groß erscheint, tun Sie sich mit ein paar Freunden zusammen und teilen Sie sich Fläche und Arbeit; vielleicht freut sich auch ein Nachbar über zusätzliche Beetfläche. Sie können aber auch nur Teile bearbeiten und die übrige Fläche unter einer schwarzen Folie oder mit Gründünger unkrautfrei machen.

Auf einen Blick
Fangen Sie klein an und sammeln Sie Erfahrungen; dann erst wird die Fläche vergrößert.

Hochbeete

Anbau in Beetflächen ist die Alternative zu den offenen Flächen eines großen Nutzgartens. Beete bieten viele Vorteile, sie erlauben vor allem eine effizientere Nutzung des Gartens. Ich vermute, dass ich ohne sie nicht so erfolgreich gewesen wäre. Ein Beet zerlegt große Flächen in kleinere, überschaubare Einheiten, die sich zeitsparender bearbeiten lassen.

In einem Hochbeet liegt die Pflanzerde auf höherem Niveau als im übrigen Garten; in der Regel wird es von einem Rahmen umschlossen und ist über Wege gut zugänglich. Holz ist für die Meisten die erste Wahl, doch in der Tat eignen sich als Begrenzung der Beeterde alle haltbaren Materialien. Natur- und Ziegelsteine oder niedriges Flechtwerk sehen hübsch aus, doch in der Regel werden Holzbalken verwendet. Für ein einfaches Hochbeet reichen vier Bretter vom Baumarkt. Mein erstes Hochbeet baute ein Schreiner. Dicke Balken, die über hübsche Nut-und-Zapfen-Verbindungen an den Ecken zu einem Rechteck verbunden werden. Diese Konstruktion war schwer und stabil genug, um allein zu stehen. Auch ließ sie sich an den Ecken auseinanderdrücken und an einem anderen Platz wieder montieren. Der Grund für diese schöne Konstruktion waren meine Zweifel: Wenn ich scheitere, könnte ich sie auch anders verwenden.

Oben Solche stabilen Bretter sehen sehr gut aus, sind äußerst praktisch und halten viele Jahre.

Links Rahmen aus Metall passen wunderbar in einen modernen Garten.

Auf einen Blick

In einem Hochbeet wachsen die Pflanzen oberhalb des Erdniveaus; es kann mit bester, fruchtbarer Erde gefüllt werden, die von einem Rahmen aus Holz, Ziegeln oder einem anderen dauerhaften Material zusammengehalten wird. In einem Hochbeet ist eine Intensivkultur möglich – höhere Ernte mit geringerem Aufwand.

Die Vorteile von Hochbeeten

❧ An erster Stelle steht die Möglichkeit, bessere als die vorhandene Gartenerde einzufüllen. Ideal für köstliches Gemüse ist eine Mischung aus Mutterboden und gut verrottetem Kompost im Verhältnis 1:1. In diesem Boden wächst köstliches Gemüse heran. In staunassen Gärten muss der Boden unter dem Hochbeet tief umgegraben und mit grobem Kies angereichert werden, damit das Wasser besser abzieht. Normalerweise reichen 30 cm Bodentiefe aus, in sehr feuchten Gärten empfehlen sich bis zu 60 cm. Hochbeete sind auch ideal für Gärtner mit Rückenproblemen.

❧ Die Pflege eines Hochbeets beschränkt sich aufs Gießen und Unkrautjäten. Dank des guten Bodens dürfen die Pflanzen dichter stehen als üblicherweise in Gemüsebeeten; Sie können also auf derselben Fläche mehr ernten.

❧ Im Frühling erwärmt sich der Boden rascher als in üblichen Beeten; die Pflanzen haben einen besseren Start in die Vegetationsperiode.

❧ Wege zwischen den Hochbeeten erleichtern Bearbeitung und Ernte. Außerdem ist das Beet bei jedem Wetter besser zugänglich als eine große Pflanzfläche. Selbst bei Regen können Sie in den Garten gehen

Oben Dieser Gemüsegarten wirkt mit den Wegen und ebenerdigen Beeten wie ein Ziergarten. Für Höhe sorgen die Lorbeerbäumchen und Klettergerüste.

und vom Weg aus einen Salat pflücken. Schließlich sind Hochbeete prädestiniert für das Gärtnern ohne Umgraben (S. 166).

❧ In einem sauberen, abgeschlossenen Hochbeet sind die Pflanzen besser vor Schädlingen geschützt. Sie können auch Kaninchendraht, Vlies, Insektennetze oder Plastiktunnel über den Beeten ausbreiten.

❧ Das System aus Wegen und Hochbeeten sieht hübsch aus – der Garten wirkt automatisch gepflegter. Ansprechend arrangierte und bepflanzte Hochbeete kommen dem Ideal eines mittelalterlichen Nutzgartens nahe; sie geben dem Garten einen ganz eigenen Reiz. Je besser die Verteilung der Hochbeete und Wege geplant ist, desto hübscher sieht der Garten als Ganzes aus – selbst wenn eines der Beete etwas vernachlässigt wurde.

Natürlich sind Hochbeete nicht wirklich erforderlich, wenn Sie zu den Glücklichen gehören, deren Garten besten Boden hat. Ebenerdige Beete mit hübschen Einfassungen und attraktiv geführten Wegen bieten hier dieselben Vorteile wie Hochbeete.

Der Gartenplan

Die Anordnung der Beete bestimmt sowohl Aussehen als auch den erforderlichen Arbeitsaufwand des Gartens. Natürlich hat dessen Gestaltung keinen Einfluss darauf, wie gut das geerntete Gemüse schmeckt, doch wer erledigt die notwendige Arbeit nicht lieber in einem Garten, auf den man stolz ist? Auch die Ästhetik bestimmt über Gartenfrust oder -lust.

Wie viel Pflanzfläche?

Die Antwort auf diese Frage richtet sich nach dem verfügbaren Platz, der Art des Gemüses und der Arbeitsbelastung, die man sich im ersten Jahr aufbürden möchte. Für Salat, Tomaten und Gurken reicht eine Fläche von 1 × 1,20 m aus. Gemüse, wie Zwiebeln und Kartoffeln, benötigen mehr Platz; die Beete sollten mit 3 – 5 × 1,20 m deutlich größer sein. Meistens genügt die Kombination aus großen und kleinen Beeten den Ansprüchen. Daraus ergeben sich auch interessante Gestaltungsmöglichkeiten. Mein erster eigener Garten war 17 m² groß und reichte für das geplante Gemüse – hatte allerdings keine langen Beete.

Beete – welche Größe, welche Form?

Hier gibt es eine einfache Faustformel: So lang wie nötig, aber maximal zwei Armlängen breit. In solchen Beeten können Sie von beiden Seiten jäten, mulchen und ernten, ohne den Boden zu betreten. Am einfachsten sind quadratische oder rechteckige Beete. Dreiecke, Kreise oder Sonderformen sehen zwar toll aus, sind aber schwierig in Anlage und Pflege. Messen Sie Ihren Garten aus und zeichnen Sie Beete ein; berücksichtigen Sie Platz für dekorative Elemente: Bänke, Bäume etc. Es ist völlig okay, die Beetformen einfach zu halten, um die Arbeit zu erleichtern. Wenn Sie die vorgesehenen Bretter genau mittig durchsägen und damit die Länge des Beetes festlegen, sparen Sie Arbeit und Holzabfälle. Wenn Sie die Wege aus Natursteinen anlegen möchten, werden zuerst die Wege konstruiert – ohne Steinschnitt – und die Länge der Beete an die Weglängen angepasst.

Auf einen Blick

Ein Beet sollte so schmal sein, dass Sie mit der Hand bis in die Mitte reichen, ohne auf die Erde zu treten; 1 – 1,20 m ist ideal. Beete in komplizierten Formen lassen sich schwerer pflegen.

Unten Die Wege und unregelmäßigen Beete sind zwar ein ästhetischer Genuss, machen aber mehr Arbeit als Rechtecke.

Wege

Es gibt nichts Schlimmeres, als eine volle Schubkarre durch enge Kurven zu manövrieren. Planen Sie daher möglichst breite Wege ein, auf denen Sie diese auch einmal wenden können. Immerhin werden sich – so alles gut läuft – Ihre Beete im Sommer mit einer üppigen Vielfalt von Gemüse füllen. Die Nebenwege dürfen schmaler sein; sie werden nur zu Fuß begangen. Allerdings sollten alle Beete von den breiten Hauptwegen aus erreichbar sein.

Wer seinen Rasen in Gemüsebeete umwandelt, ist oft versucht, das Gras dazwischen als Wege stehen zu lassen. Die Lösung wäre einfach, preiswert und ein sauber gemähter Rasen sieht auch zwischen Beeten prächtig aus. Allerdings kostet das Mähen Zeit, die Kanten müssen bearbeitet werden, bei Regen wird ein Rasenweg schnell glatt und in heißen Sommern verdorrt das Gras. Allwetteroberflächen wie Kies, Ziegelsteine oder Betonplatten, sind besser geeignet. Mein Favorit sind Kieselsteine: Sie sind preiswert, sehen gut aus und sind pflegeleicht. Kies wird nie glatt, das Wasser läuft gut ab und die Konstruktion erfordert kein besonderes Fachwissen. Nur regelmäßige Unkrautpflege.

Bau eines Kieswegs

Legen Sie unter den späteren Kiesweg eine stabile, Unkraut unterdrückende Folie (Unkrautvlies). Graben Sie die Kanten des Vlieses ins Beet ein, damit die Unkräuter keine Chance haben, ins Licht zu wachsen. Befestigen Sie das Vlies mit Erdnägeln und schichten Sie 5–7,5 cm Kies darüber auf. Auf einer dickeren Kiesschicht macht das Gehen Schwierigkeiten, auf einer dünneren bilden sich nackte Stellen. Natürlich können Sie auch Rindenmulch als Wegebelag verwenden, er sieht aber nicht so gut aus. Außerdem hält Mulch Regenwasser fest, verklumpt bei sehr feuchtem Wetter, bleibt an Stiefeln und dem Rad der Schubkarre haften – schließlich wird er abgebaut und muss erneuert werden.

Auf einen Blick
Die Hauptwege sollten breit genug sein, um eine Schubkarre zu wenden, auch dann, wenn die Beete gut tragen.

Konstruieren Sie Wege mit wetterfesten Oberflächen.

Oben links Ein dekorativer Ziegelweg ist eine praktische und hübsche Lösung für den Gemüsegarten.

Rechts In diesen wunderschönen Weg wurden Rauten aus Ziegelsteinen mit Kies gefüllt. Der Weg ist attraktiv und breit genug für diesen großzügigen Gemüsegarten.

Gestaltung der Beete

Werden die praktischen Anforderungen zugunsten der Ästhetik vernachlässigt, wird der Garten längst nicht so pflegeleicht, wie er sein könnte. Dennoch schließen sich Praxis und Schönheit keineswegs aus, denn in einem ausschließlich „praktischen" Garten macht die Arbeit nicht halb so viel Spaß.

Ein einfacher geometrischer Gartenplan erfüllt beide Bedingungen. Er schafft Durchblicke und ermöglicht den gezielten Einsatz von Blickpunkten – ein Lorbeerbäumchen, eine einfache Bank, eine Vogelscheuche oder eine Plastik. Gestalten Sie den Garten ganz nach Ihren Vorstellungen; Sie müssen sich darin rundum wohlfühlen. Säulenobstbäume, Obelisken, Hochstammlorbeer oder Rankgitter geben dem Garten Höhe (auf S. 214–217 gehe ich ausführlicher auf diesen Aspekt ein). Sehen Sie beim Zeichnen der Beetpläne unbedingt Platz für die dekorativen Elemente vor.

Noch eine Warnung. In den großen, klassischen Gemüsegärten Frankreichs wurden die Beete mit Buchsbaum oder Lavendel gesäumt. Diese Hecken sehen zwar fantastisch aus, grenzen die Pflanzfläche innerhalb der Beete aber unnötig ein. Je breiter die Hecke, desto breiter müssen auch die Beete angelegt werden, was vor allem bei Kartoffeln zum Problem werden kann. Außerdem ist es ziemlich frustrierend, einen großen Teil der Arbeit den unproduktiven Randbegrenzungen zu widmen – von der Zugänglichkeit der Beetmitte gar nicht zu reden.

Auch wenn Sie klein anfangen, früher oder später werden Sie an die Vergrößerung des Gemüsegartens denken. Berücksichtigen Sie daher schon im Planungsstadium, wo Sie nahtlos zusätzliche Beete einrichten könnten. Es dauert nur wenige Ernteperioden, dann kennen Sie die Idealgröße Ihres Gemüsegartens.

Oben Der beste Sitzplatz für die Übergangszeit ist der gute, alte Liegestuhl – er kann an beliebiger Stelle stehen und eignet sich wunderbar zum Relaxen nach schwerer Arbeit.

Rechts Mein eigener Gemüsegarten im Frühsommer des ersten Jahres. Er wurde schon bald mein Lieblingsplatz, an dem ich entspannen und dem Gemüse beim Wachsen zusehen konnte.

Auf einen Blick

Beete in streng geometrischer Anordnung wirken attraktiver.

Planen Sie die dekorativen Elemente ein, die Ihnen gefallen.

Anlage
Bodenvorbereitung

Leider haben nur wenige Gärtner das Glück, ihren Garten auf perfektem Boden anlegen zu können. Stattdessen ist der Ausgangspunkt fast immer ein Rasen oder ein verwildertes Grundstück mit Brombeeren und Unkraut. Es gibt verschiedene Möglichkeiten, sich dieses Problems zu entledigen – einige davon mit überschaubarem Arbeitsaufwand. In diesem Stadium der Vorbereitung kommt es entscheidend darauf an, den Boden so gut wie möglich von Unkräutern zu befreien. Jetzt sind die Beete noch frei und gut zu bearbeiten; später, zwischen dem Gemüse, wird es viel aufwendiger.

Unkraut entfernen: Umgraben

Ich will nichts beschönigen: Umgraben ist harte Arbeit und kostet viel Zeit. Das hören Gärtner mit wenig Zeit nicht gerne, aber es geht nicht anders. Ich habe von Leuten gehört, die eine Party aus dem Umgraben machten: Zusammen umgraben, essen und feiern. Solange die Qualität der Arbeit nicht leidet, ist das eine gute Idee.

Umgraben ist nichts anderes, als Unkraut entfernen im großen Stil. Im Großen wie im Kleinen kommt es darauf an, möglichst jede Wurzel zu entfernen. Je länger das Grundstück brach lag, desto breiter haben sich die Unkräuter gemacht. Manche Stauden schieben ihre Wurzeln erstaunlich weit und tief durch den Boden und aus jedem Wurzelstück kann eine neue Pflanze wachsen! Je gründlicher Sie die Unkrautreste aus dem Boden entfernen, desto weniger Arbeit haben Sie später, denn neu auskeimende Unkräuter sind weniger robust und leichter zu jäten als etablierte. Eine mechanische Bodenfräse zerschlägt die Unkrautwurzeln nur, entfernt sie aber nicht dauerhaft.

> **Auf einen Blick**
> Zeitaufwendig; entfernen Sie alle Kräuter und Wurzeln per Hand.
>
> Mechanische Bodenbearbeitung kann das Problem sogar noch verschlimmern.

Unkraut entfernen: Abdecken

Wenn Sie nicht unter Zeitdruck stehen, ist das eine gute Lösung. Die Unkräuter werden nicht entfernt, sondern durch Lichtmangel ausgehungert. Entfernen Sie die oberirdischen Teile (platttreten geht auch) und decken Sie die ganze Fläche dick mit Pappe, schwarzer Teichfolie oder Unkrautvlies ab. Die Auflage muss sicher befestigt werden, denn es kann bis zu drei Vegetationsperioden dauern, bis die robustesten Kräuter aufgeben. Als Kompromiss graben Sie die Hälfte des Gartens um und decken die andere ab. Anschließend setzen Sie Kartoffeln auf die ehemals abgedeckte Fläche. Kartoffeln unterdrücken den Unkrautwuchs und beim Ausgraben der Ernte schichten Sie den Boden wieder um. Übrigens können Sie die Kartoffen auch durch Schlitze in einer schwarzen Folie wachsen lassen.

> **Auf einen Blick**
> Töten Sie alle Unkräuter, indem Sie die Fläche mindestens ein Jahr lang lichtdicht abdecken.

Unkraut entfernen: Chemie

Unkräuter mit Chemie zu bekämpfen spart zwar Arbeit, ist aber nicht so effektiv, wie die Industrie uns glauben macht. Die Pflanzen sterben nicht sofort, sondern erst nach einigen Wochen und Wurzelunkräuter können anschließend wieder austreiben – dann brauchen Sie eine neue Portion Herbizide. Insgesamt zieht sich die Prozedur über mehrere Monate hin. Lesen Sie stets die Anweisungen und entscheiden Sie sich für ein Produkt, das nicht dauerhaft im Boden verbleibt. Letztlich bleibt es Ihre Entscheidung, ob Sie Chemie gegen Unkräuter einsetzen wollen. Ich möchte aber Produkte ernten und verarbeiten, die nicht mit Chemie in Berührung gekommen sind.

> **Auf einen Blick**
> Töten Sie alle Pflanzen mit Chemikalien ab.

Bodenvorbereitung durch tiefes Mulchen

Eine zeitsparende Methode, um einen Gartenboden vorzubereiten und gleichzeitig fruchtbarer zu machen, ist tiefes Mulchen („Lasagne-Böden"). Diese Methode erfordert zwar einen gewissen Arbeitsaufwand, ist aber weniger mühsam, kommt ohne Jäten aus und hinterlässt einen gut auf die Pflanzen vorbereiteten Boden. Ich habe die Methode mit gutem Erfolg sowohl auf ganz neuen Flächen als auch in vernachlässigten Beeten angewandt.

Die Beet-Lasagne ist simpel: Decken Sie den Rasen oder das Unkraut mit einer dicken Lage Pappe oder Zeitungspapier ab; darauf kommt eine Lage organisches Material und darauf Kompost oder gute Erde. Den Unkräutern wird das Licht verwehrt und die Pappen/Zeitungen verrotten im Laufe der Zeit. Unter den Schichten haben die Samen einjähriger Unkräuter keine Chancen und nach meiner eigenen Erfahrung treiben auch die Unkrautstauden nicht durch; was sich dennoch an der Oberfläche zeigt, lässt sich problemlos jäten.

Das tiefe Mulchen eignet sich sowohl für Hochbeete als auch für Beete ohne Rahmen, die dabei eine leicht gewölbte Form annehmen. Als organisches Material dürfen Sie alles nehmen, was im Garten anfällt. Nur die samentragenden Unkräuter gehören unter die Pappbarriere. Der Trick besteht darin, das Material schichtweise abzulagern: Auf eine Lage grüner Blätter folgt eine gröbere Schicht aus Stängeln oder Stroh, damit die Schichten gut kompostieren. Eine Schichtdicke von etwa 15 cm ist ideal, die Gesamtdicke sollte 25 – 30 cm betragen; decken Sie alles mit Kompost oder guter Erde ab. Die Schichten organischen Materials dürfen aber ruhig etwas dicker geraten oder nach und nach ausgebreitet werden: Fangen Sie im Herbst an und fahren Sie bis zur Bepflanzung im Frühling fort. Das Material kompostiert im Beet zu einem hervorragenden Boden und sinkt dabei stark ein. Die Anlage solcher Lasagne-Beete erfordert eine gewisse Planung, dafür sind die Rohstoffe kostenlos. Fragen Sie bei einem Pferdestall in Ihrer Umgebung, ob Sie sich Mist holen dürfen, sammeln Sie Grasschnitt und ungekochte, pflanzliche Küchenabfälle. Sobald Sie das organische Material beisammenhaben, schichten Sie alles auf dem Beet auf. Im ersten Jahr könnte der Boden noch etwas grob sein, je nachdem, wie die Schichten zusammengesetzt waren.

Rechts Das Beet wird nach dem tiefen Mulchen für die Bepflanzung vorbereitet. Die Arbeit dauert pro Beet etwa eine Stunde.

GEEIGNETES MULCHMATERIAL

- gut verrotteter Mist
- Heu, unter der Unkrautbarriere
- Stroh
- Pflanzliche Küchenabfälle
- Laubkompost
- Blätter (in dünnen Schichten oder vermischt mit anderem Material, damit sie nicht verklumpen)
- Grasschnitt
- Holzasche
- Algen
- pflanzliche Abfälle
- Zeitungen

Auf einen Blick
Decken Sie die Fläche mit Pappe oder Papier und einer dicken Schicht organischen Material ab; es entsteht fruchtbarer Boden.

Ein Mulchbeet anlegen

1 Treten Sie die Vegetation auf dem geplanten Beet nieder und entfernen Sie Steine und größere Ast- oder Zweigstücke. Feuchten Sie den Boden gründlich an und breiten Sie mehrere Lagen Zeitungspapier aus. Das Papier sollte sich an den Kanten großzügig überlappen (mindestens 15 cm).

2 Schichten Sie organisches Material in Lagen von 5–7 cm Dicke auf, abwechselnd dünnes (Grasschnitt) und gröberes (Stroh, angetrocknete Stängel) Material. Breiten Sie, soweit vorhanden, auch Kompostschichten aus.

3 Schließen Sie die Schichten mit einer Lage Kompost oder Mutterboden ab. Soll das Beet zur Aussaat genutzt werden, muss die oberste Schicht allerdings aus feinem Kompost bestehen (notfalls vom Gartencenter).

4 Das Beet ist fertig. Im ersten Jahr eignet es sich für Bohnen, Kartoffeln, Zucchini, Kürbis und Stauden wie Rhabarber, die bestens in dem nährstoffreichen Substrat gedeihen.

Wie alles anfing

Mein erster Gemüsegarten hat eine Menge Zeit und Geld gekostet, in den Folgejahren wurde es dann merklich ruhiger. In der Tat ist aber weder viel Zeit noch Geld erforderlich; es richtet sich ganz danach, was Sie investieren möchten – meine Grundideen gelten für viele Gartentypen. Die Fläche, die ich ausgesucht hatte, war unregelmäßig und stark mit Gras und Unkraut bewachsen, wie Ampfer, Kriechender Hahnenfuß und Löwenzahn. Als Erstes wurde die Fläche eingeebnet, um mir die weitere Arbeit zu erleichtern. Heben Sie beim Einebnen so viel wie möglich von der obersten Bodenschicht auf; sie wird später wieder ausgebreitet. Vermeiden Sie Senken, damit sich dort kein Wasser sammeln kann.

Da unser Grundstück auf dem Land liegt, sperrte ich Kaninchen, Rehe und Dachse mit einem 2 m hohen Wildzaun aus. Die Beetbegrenzungen ließ ich mir von einem Schreiner herstellen: Sie bestanden aus Brettern (22 × 5 cm), die an den Ecken mit Nut und Zapfen verbunden wurden. Einmal zusammengesteckt, konnte ich sie wie Rahmen hin und her schieben, bis mir die Anordnung gefiel. Die Wege wurden mit dicker Folie abgedeckt, die bis unter das Holz der Beetbegrenzung reichte und sicher mit Erdnägeln befestigt wurde. Damit kein Unkraut durchkam, überlappten sich die Folienstücke.

Oben links Die Erde zwischen den Beeten wurde mit Folie abgedeckt, die bis in den Innenraum des Beetes reichten, damit das Unkraut keine Lücke fand.

Links An den Ecken wurden die Bretter mit Nut und Zapfen stabil ineinandergesteckt.

Oben Die Kieswege zwischen den Beeten sind breit genug für die Schubkarre. Dank des einfachen Grundrisses wirkt der Garten sehr ordentlich.

Ein Klettergerüst aus Seilen

Da Gemüsegärten meist zu flach wirken, hatte ich mir ein Dreieck aus gespannten Seilen als Kletterhilfe ausgedacht. Als Stütze diente ein Balken in der Ecke meines L-förmigen Beetes. Als Bespannung nahm ich synthetische Hempex-Seile, die sehr natürlich aussehen und mit ihren rauen Oberflächen den Bohnen und Erbsen guten Halt boten. Die „Seilharfe" sah auch ohne Pflanzen hübsch aus und sie hält viele Jahre.

1 In die Nuten, die der Schreiner in die Ecke der Bretter gefräst hatte, passte der Pfosten genau hinein.

2 Zur besseren Stabilität wurden die Pfosten mit den Brettern verschraubt. Vorgebohrte Löcher erleichtern die Arbeit.

3 Das Seil geht durch Löcher in einem Seitenbrett zum Pfosten, von dort weiter zu Löchern im senkrecht ansetzenden Seitenbrett und wieder zurück. Das verleiht der Konstruktion mehr Stabilität und hält die Seile gespannt.

Beete befüllen

1 Füllen Sie die Beete mit einer Mischung aus Mutterboden, gut verrottetem Mist und Gartenkompost, bevor der Kies ausgestreut wird, denn diese Arbeit geht nicht ohne viel Schmutz ab. Der Boden in feuchten Grundstücken sollte vorbehandelt werden (siehe S. 18).

2 Mischen Sie das organische Material und den Mutterboden etwa im Verhältnis 1:1, Schubkarre für Schubkarre.

3 Breiten Sie Erde und Kompost in dünnen Schichten aus; vermeiden Sie bei der Verteilung verdichtete Stellen.

4 Füllen Sie Beete bis knapp unter die Oberkante der Seitenbretter. Die Erde setzt sich später noch etwas – jetzt sind die Beete bereit zum Bepflanzen. Erst nachdem die Beete fertig waren, wurde der Kies in 5–7,5 cm dicker Schicht auf den Folienwegen verteilt.

Mein Garten wächst

Mein erster Garten war im zeitigen Frühling fertig; nach dem Ende der Vegetationsperiode stellte ich fest, dass ich mir ruhig hätte mehr zutrauen dürfen. Tatsächlich konnte ich deutlich mehr bearbeiten als die kleinen Hochbeete. Mir blieb noch genügend Zeit für einen Flächenanbau von Kartoffeln, Zwiebeln oder Porree. Also legte ich im nächsten Frühling außerhalb des Schutzzaunes ein größeres Beet in der Form eines großen „E" an. Ich dachte mir, heimische Pflanzen würden keine Wildtiere anlocken. Das klappte ganz gut mit Zwiebeln, Knoblauch, Kartoffeln und Porree, für andere Sorten baute ich einen Schutz ein (siehe S. 184 – 187).

Die neue Beetfläche beflügelte meinen Enthusiasmus. Neben den Nutzpflanzen opferte ich etwas Platz für Schnittblumen. Alles zusammen bedeutete mehr Arbeit – das Unkraut konnte sich etwas stärker ausbreiten – doch die Ausbeute war die Mehrarbeit wert. Im nächsten Frühjahr fügte ich ein zweites, spiegelbildliches „E" hinzu. Den Zwischenraum füllte ich mit Kies auf und stellte ein paar Kübel in Töpfen und eine Spiegelkugel auf. Mehr Platz, mehr Arbeit und noch etwas mehr Chaos, aber der Garten blieb produktiv.

Er sieht allerdings gelegentlich nicht mehr ganz so ordentlich aus, wenn meine Himbeeren mit dem Hahnenfuß und die Zucchini gegen die allgegenwärtigen Brennnesseln kämpfen. Irgendwann gewinne ich aber doch wieder die Oberhand und spätestens zur Ernte sind alle Früchte prall und lecker und das Gemüse köstlich.

Rechts Mein pflegeleichter Garten im Frühsommer.

Bewässerungssysteme

Eigentlich bin ich davon überzeugt, dass sparsames, gezieltes Gießen die Arbeit sehr erleichtert (siehe S. 180–181), doch gelegentlich ist es dennoch lästig und zeitaufwendig. Es kann durchaus Spaß machen, mit der Gießkanne in der Hand durch den Garten zu streifen, aber wenn die Zeit knapp ist oder man aus anderen Gründen nicht im Garten sein kann, ist das rein technisch nicht möglich. In der Tat kommen viele Pflanzen weitgehend ohne zusätzliches Gießen aus, aber frisch gesetzte oder junge Pflanzen sind auf regelmäßige Wasserzufuhr angewiesen. Hier hilft ein einfaches Bewässerungssystem aus dem Gartencenter oder Baumarkt, dessen Teile passend zum Grundstück zusammengesteckt werden. Das System sollte einen einfachen Timer besitzen, um die Versorgung zu regeln und lokal abgedreht werden können, damit nicht jedes Mal der gesamte Garten bewässert wird. Schläuche verbinden den Wasserzulauf mit den Beeten, „L"- und „T"-Stücke lenken den Wasserstrom um oder teilen ihn auf. Die Pflanzen werden über Tröpfeldüsen oder Hähne mit Wasser versorgt. Verbergen Sie die Hauptleitungen unter der Erde oder dem Kies. Noch einfacher ist ein poröser Schlauch, der nach Bedarf über alle Beete verlegt wird. Verwenden Sie nur Systeme, die gezielt eingeschaltet werden können, denn es kommt so gut wie nie vor, dass alle Beete gleichzeitig gewässert werden müssen. Mindestens einmal pro Woche bis alle zwei Wochen sollten Sie prüfen, welche Pflanzen Wasser brauchen.

Neben den professionellen Systemen gibt es auch einige Bewässerungsmethoden für den Eigenbau. Aus Südamerika stammt der „Olla", ein kugeliges Gefäß aus porösem Ton, das mitten im Beet in den Boden

eingegraben wird. Die Öffnung des „Olla" ragt gerade aus der Erde heraus. Man füllt den Topf mit Wasser, das durch die Poren in die Erde sickert und von den Pflanzenwurzeln aufgenommen wird. Sehr einfach, aber äußerst effektiv!

Oben Der Wasserdruck lässt die Düse rotieren; das Wasser wird über eine größere Fläche verteilt; keine gute Idee, wenn große Blätter das Wasser aufhalten.

Links Die einfache Düse kann auf- und zugedreht werden. Da das Wasser nur auf eine sehr kleine Fläche tröpfelt, bleibt der Wasserverlust gering.

Bewässerungssystem Marke Eigenbau

Aus zwei großen Blumentöpfen aus Terrakotta lässt sich ein einfaches „Olla"-System herstellen:

1 Verschließen Sie das Bodenloch eines Topfes mit einer flachen Scherbe; gut mit Silikon versiegeln.

2 Verteilen Sie reichlich Silikon auf dem oberen Rand eines Topfs und stülpen Sie den zweiten Topf bündig darüber; einen Tag trocknen lassen.

3 Graben Sie ein Loch mitten in die zu bewässernde Fläche. Es muss breit genug sein für die Töpfe und so tief, dass der obere Rand des Doppeltopfs etwa 2,50 cm aus der Erde ragt.

4 Gießen Sie zuerst das Beet, dann füllen Sie die beiden Töpfe mit Wasser – ein Trichter ist sehr hilfreich. Wenn der Wasserspiegel sinkt, füllen Sie den „Olla" wieder auf.

Auf einen Blick

Wenn die Zeit fehlt, regelmäßig nach den Pflanzen zu sehen oder die Beete längere Zeit unbeaufsichtigt bleiben, sollten Sie ein einfaches Bewässerungssystem installieren.

Geeignete Systeme werden in Baumärkten, Gartencentern oder im Internet angeboten.

Erkundigen Sie sich nach den verfügbaren Elementen, zeichnen Sie einen Bewässerungsplan und kaufen Sie erst dann alles, was Sie benötigen.

Unten links Die beiden Blumentöpfe werden mit reichlich Silikon zu einem Doppelkegel verklebt.

Unten Graben Sie den Doppeltopf in das Beet ein; nur die Oberkante ragt etwa 2,5 cm aus der Erde.

Planung

Eine gute Planung, welches Gemüse an welcher Stelle gepflanzt wird, ist genauso wichtig wie die Gartengestaltung. Eine Pflanzliste ist unverzichtbar für eine gute Ernte – für Anfänger und Profis!

Pflanzliste aufstellen

Die beste Zeit, um die Bepflanzung zu planen, ist der Spätwinter, bevor die eigentliche Arbeit im Garten beginnt. Die Kataloge der Gärtnereien sind eine spannende Lektüre; sie machen Lust aufs nächste Gartenjahr. Ab Seite 42 gehe ich auf die Merkmale der wichtigsten Arten für den pflegeleichten Gemüsegarten ein, hier möchte ich zeigen, wie man einen Pflanzplan aufstellt und begründen, warum er so entscheidend ist.

Stellen Sie eine realistische Liste der gewünschten Pflanzen zusammen. Tragen Sie alles in eine Kopie Ihres Gartenplans ein. So bekommen Sie einen besseren Überblick, wie viele Pflanzen Sie unterbringen können (Bestellung)! Die Porträts auf den Seiten 48–161 bieten eine erste Hilfestellung, wie viel Platz eine bestimmte Pflanze beansprucht. Später hilft Ihnen die eigene Erfahrung. Halten Sie sich unbedingt an diese Liste. Man lässt sich sehr leicht von bunten Samentütchen, ungewöhnlichen Sorten oder den Jungpflanzen in einem Gartencenter verführen – bleiben Sie stark. Ich bin leider auf derartige Verlockungen hereingefallen und wurde nur enttäuscht, als ich versuchte, die neuen Pflanzen noch in meinen Pflanzplan zu zwängen.

Planen Sie schon im ersten Jahr Platz für mehrjährige Pflanzen ein, die Jahr für Jahr Erträge liefern, denn deren Standort will sorgfältig überlegt sein. Bedenken Sie, dass hohe Pflanzen (u.a. Himbeeren, Obstgehölze) Schatten werfen und kleineren Licht nehmen.

Am meisten Zeit sparen Sie, wenn die vorgezogenen Pflanzen und Samen per Post kommen. In den Pflanzkatalogen finden Sie ein breites Angebot und viele Informationen.

Links Wenn Sie rechtzeitig bestellen, kommen die gewünschten Pflanzen, hier eine Sendung Porree, rechtzeitig und gut verpackt bei Ihnen an und werden sofort eingepflanzt.

Rechts Heben Sie die Samen in einem stabilen Karton mit Deckel auf; Innenkästen und Karten sorgen für Ordnung.

Listen erstellen

Ohne ein Notizbuch geht nichts im Gemüsegarten! Ich schreibe jedes Jahr auf, welche Pflanzen und Samen ich bestellt habe. Meinem Notizbuch liegen auch der aktuelle Pflanzplan sowie die Pflanzpläne der Vorjahre bei. Die zweite wichtige Liste in dem Buch erfasst alle Sorten, die ich angepflanzt hatte und meine Kommentare dazu. Ich schreibe auf, welche Sorte gut wuchs, wie sie schmeckte und was gar nicht ging. Jedes Jahr, bevor ich bestelle, gehe ich diese Liste durch und benutze sie als Entscheidungshilfe. Natürlich macht es Spaß, etwas Neues auszuprobieren, aber ein Grundstock bewährter Sorten macht das Leben sehr viel einfacher.

Auf einen Blick
Führen Sie ein einfaches Notizbuch mit der Liste bestellter Pflanzen.

Benutzen Sie das Buch, um effiziente Zeitpläne zu erarbeiten und die Termine für Aussaaten nicht zu verpassen.

Sie können in diesem Gartentagebuch auch einen Zeitplan für die Sorten, die mehrfach ausgesät werden und für die wiederkehrenden Arbeiten aufstellen. Stellen Sie sich vor, Sie haben nur begrenzt Zeit und gehen planlos in den Garten: Die kostbaren ersten 10 Minuten vergehen für die Entscheidung, was Sie tun sollen, 30 Minuten verbringen Sie mit allerlei notwendigen oder nutzlosen Kleinarbeiten. In meinem Notizbuch steht genau, was wann getan werden muss, sodass ich keinerlei Zeit nutzlos vertue. Es mag nach Stress klingen, wenn Sie nur 20 Minuten Zeit haben und wissen, dass die Erbsen gesät, Stroh um die Erdbeeren verteilt und das Zwiebelbeet gehackt werden muss. Im Hochsommer ist die Liste merklich kürzer; dann verbringe ich die meiste Zeit mit der Ernte, was viel mehr Spaß macht, als im Supermarkt einzukaufen.

Links Wer viel zu tun hat, vergisst leicht den Zeitpunkt, wann nachgesät werden muss. Erbsen werden beispielsweise ein paar Wochen nach der ersten Saat nochmals ausgesät. Wenn die Pflanzen der ersten Saat nicht mehr tragen, ist die zweite Charge gerade reif.

Rechts Ein Gartennotizbuch und ein Pflanzplan helfen enorm dabei, den Gemüsegarten effizient zu bearbeiten.

Die Pflanzen

Die Auswahl der richtigen Pflanzen ist der Schlüssel zum Erfolg eines pflegeleichten Gemüsegartens. Manche Sorten sind robust und kommen mit minimalem Pflegeaufwand zurecht – und liefern dennoch eine leckere Ernte. Andere sind Primadonnen mit besonderen Ansprüchen, die nur dann eine gute Ernte liefern, wenn sie über die gesamte Vegetationsperiode gehegt und gepflegt wurden. Dazwischen gibt es ein breites Spektrum anderer Pflanzen. Wer maximalen Erfolg mit minimalem Aufwand möchte, verzichtet besser auf die Primadonnen (es sei denn die Familie besteht darauf; dann sind sie den Aufwand zum Nachteil anderer Pflanzen wert). Je nach den Wachstumsbedingungen des Gartens können sogar Unterschiede zwischen einzelnen Sorten auftreten. Entscheiden Sie sich besser für Sorten, die in Ihrem Garten gut wachsen, statt einen dauernden Kampf um die schwächelnden Sorten zu führen. Paprika und Auberginen werden beispielsweise in kühlen Regionen ohne Schutz und möglicherweise sogar künstlicher Wärme nie gut gedeihen; pflanzen Sie in bekannt kühlen Landschaften oder Extremlagen lieber etwas anderes.

Auswahl

Auf einen Blick

Pflanzen Sie an, was Sie gerne essen.

Wählen Sie pflegeleichte Sorten mit gutem Ertrag; das gilt besonders, solange Sie noch Erfahrungen sammeln.

Hüten Sie sich davor, zu viele Sorten mit jeweils zu wenigen Exemplaren anzupflanzen.

Ein Gemüsegarten soll vor allem wohlschmeckende und gesunde Produkte liefern. Schreiben Sie daher als Erstes eine Liste mit den Lieblingsgemüsen Ihrer Familie auf – da lohnt jede Mühe. Bei typischen Gemüsegärten denken viele an exakte Reihen mit Pastinaken, Stangenbohnen und Rüben; aber das muss nicht sein. Pflanzen Sie nur an, was alle wirklich gern essen, dann freut sich die ganze Familie auf die Ernte.

Gleichen Sie das Gemüse auf der „Familienlieblingsliste" mit den Möglichkeiten Ihres Gartens ab: Was davon gedeiht ohne größeren Aufwand? Von einigen Sorten rate ich eher ab, es sei denn, Sie sind bereit, sich dafür besonders anzustrengen (siehe S. 46–47). Gleichen Sie die Liste auch mit dem verfügbaren Platz ab (siehe Pflanzenporträts S. 48–161). Der vorhandene Beetraum ist die kritische Größe. Was nützt ein pflegeleichtes Gemüse, das anderen Pflanzen viel zu viel Platz wegnimmt? Artischocken sehen toll aus und die Blüten sind echt lecker, doch jede der Riesenpflanzen liefert nur zwei, drei Mahlzeiten und benötigt einen ganzen Quadratmeter Beetfläche. Der dritte Abgleich dient der Erntezeit. Sollte die Ernte in Ihre Urlaubszeit fallen, war die ganze Arbeit umsonst.

Die Listen – „sehr einfach", „einfach" und „ziemlich einfach" – sind nach Arbeitsaufwand zusammengestellt. „Sehr einfache" Pflanzen geben sich mit minimaler Pflege zufrieden und liefern auch dann reichlich Ernte, wenn sie vergessen wurden. Die „einfachen" Pflanzen brauchen etwas mehr Aufmerksamkeit, stellen aber keine besonderen Ansprüche. Der Hauptgrund, warum sie nicht in die linke Liste aufgenommen wurden, ist ihr Wasserbedarf und die Anfälligkeit gegen Schädlinge. Bei den „ziemlich einfachen" Pflanzen ist der Pflegeaufwand höher. Einige Obstgehölze wurden wegen des Pflanzenschnitts nur in die mittlere Liste aufgenommen. Andererseits prägen Sie dauerhaft den Garten.

Für Ihren ersten Gemüsegarten werden Sie von den „sehr einfachen" Pflanzen nicht enttäuscht.

Wie hoch ist der Arbeitsaufwand?

Sehr einfach

Kartoffeln
Zucchini
Zwiebeln und
  Schalotten
Rhabarber
Stangenbohnen
Topinambur
Porree
Frühlingszwiebeln
Blattmangold

Einfach

Grünkohl
Kürbis
Einzelblattsalate
Radieschen
Knoblauch
Artischocken
Knollensellerie
Erbsen und Zucker-
  erbsen
Erdbeeren
Schwarze Johannis-
  beeren
Brombeeren

Stachelbeeren
Himbeeren
Rote Johannisbeeren
Spargel
Rote Bete

Ziemlich einfach

Möhren
Brokkoli
Brechbohnen
Kohl
Dicke Bohnen
Süßmais
Stielmangold
Kopfsalate
Tomaten
Paprika und Chili-
  schoten
Gurken
Auberginen

Welche Sorten?

Der Hauptgrund, sein eigenes Gemüse anzubauen, ist der Geschmack. Also sollte der Geschmack einer Sorte auch den Ausschlag geben, ob sie einen Platz im Beet verdient. Weitere Überlegungen, wie kleine Arbeitsbelastung bei großer Ernte, kommen erst danach. Auf den Seiten 48–161 finden Sie die wichtigsten und gut bewährten Gemüsesorten. Allerdings bieten die Züchter Jahr für Jahr neue Sorten an, deren Anbau sich lohnen könnte. Kataloge sind auch Werbemittel, aber gute Firmen geben echte Entscheidungshilfen.

Worauf achten?

Achten Sie auf eine möglichst lange Ernteperiode. Sollte eine Sorte einen zehnprozentig höheren Ertrag liefern als die Konkurrenten oder eine Sorte einen mehrere Wochen längeren Erntezeitraum haben, lohnt sich der Mehraufwand an Zeit und Geld. Ein wichtiger Faktor ist

Auf einen Blick
Entscheiden Sie nach Geschmack, Ertrag und Krankheitsresistenz.

die Resistenz gegenüber Krankheiten und Schädlingen. Es ist zwar sehr enttäuschend, wenn Pflanzen, die man über Wochen in Erwartung einer guten Ernte gepflegt hat, Schädlingen oder Krankheiten zum Opfer fallen. Daher überrascht es kaum, dass Züchter alles unternehmen, um resistente Sorten zu züchten, denn viele konventionelle Schutzmethoden sind arbeitsaufwändig und nicht immer wirksam. Resistente Sorten erleichtern die Arbeit, umso mehr bei Problemen aus Vorjahren. Leider sind diese nicht vollständig geschützt.

Oben Zwiebeln sind ein besonders einfaches Gemüse; bis auf ein wenig Jäten braucht man sich nicht um sie zu kümmern.

Links Die Zucchinisorte 'Orelia' liefert eine reiche Ernte nahrhafter, gelber Früchte.

Geschmack

Der Geschmack von Obst und Gemüse hängt von mehreren Faktoren ab: natürlich von der Sorte, aber auch vom Boden, Klima und der Wassermenge. Obstgehölze, die in der Sonne stehen, liefern süßere Früchte; bei einigen Sorten verwässert zu reichliches Gießen den Geschmack. Unterschiede können sogar ganz individuell auftreten. Ich habe zwei Brombeersträucher ('Oregon Thornless'), die nur 3 m auseinanderstehen. Einer trägt wohlschmeckende, süße Beeren, während sich die Beeren des anderen Strauches nur einkochen lassen. Selbst wenn eine Sorte noch so bekannt ist für ihren ausgezeichneten Geschmack, schlägt sie vielleicht in Ihrem Garten nicht an – suchen Sie weiter!

Mehrjährige Pflanzen

Die optimale Lösung für wiederkehrend gute Ernten bei geringem Arbeitsaufwand sind mehrjährige Pflanzen. Ein Nutzgarten, der ausschließlich mit Obstgehölzen und Stauden bepflanzt ist, würde enorm viel Zeit sparen. Natürlich wäre das Angebot nicht besonders breit, aber mit einer ordentlichen Mulchschicht im Frühling und einem Rückschnitt der Zweige, wäre alle Arbeit getan – bis zur Ernte. Das Mehr an Arbeit und Geld macht sich deutlich bemerkbar – durch andauernd gute Ernten.

Unten Die Rhabarberpflänzchen werden aus dem Container oder mit nackten Wurzeln ins Beet gepflanzt. Sie werden regelmäßig gemulcht und liefern Jahr für Jahr leckere Blattstiele.

Oben Artischocken sind einfach zu ziehen und ein Muss für Genießer; sie brauchen aber mindestens 1 m² Platz.

Was man nicht pflanzt

Vermutlich hat jeder Gärtner seine persönliche „Das kommt mir nicht ins Beet"-Liste. Ich kenne Gärtner, die Erbsen oder Zwiebeln aus dem eigenen Beet nicht für besser halten als die vom Supermarkt. Damit bin ich gar nicht einverstanden!

Saftige Erbsen, frisch aus der Hülse, gehören zu meinem Lieblingsgemüse; meine Kinder sammeln sie regelmäßig schon aus dem Beet, sodass sie kaum je auf den Tellern landen. Auch selbst geerntete Zwiebeln sind saftiger und schmecken besser als die käufliche Ware. Ich brauche sie ständig in der Küche. Welche Pflanzen sich aus praktischen Gründen nicht eignen, also nur mühevoll eine Ernte liefern, hängt vom Klima und Boden ab. Folgende Gemüse stehen auf meiner Negativliste, gehören aber vielleicht zu Ihren Lieblingsgemüsen.

Auf einen Blick
Gemüse, das die Familie nicht gerne isst.

Pflanzen, die sich nur mit größerem Aufwand kultivieren lassen.

Unzuverlässige Sorten, die regelmäßig Schwierigkeiten machen.

Kohlrüben

Gegen Kohlrüben sprechen einige Gründe: eine lange Wachstumsphase und sie besetzen den Platz vom zeitigen Frühjahr bis zum Herbst und Winter. Andererseits können sie zu einer Zeit geerntet werden, wenn sonst kaum Arbeit anfällt. Ich kann keinen Geschmacksunterschied zur Supermarktware feststellen.

Blumenkohl

Es gibt wunderbare Blumenkohlsorten, aber die Pflanzen sind sehr mäkelig in Bezug auf Wasser und Dünger, sonst schießen sie und bilden einen Blütenstand.

Spinat

Auch der Spinat schießt gerne und bildet einen Blütenstand, wenn die Bedingungen nicht ganz genau stimmen. Blattmangold – seine jungen Blättchen werden wie Salat gekocht oder als Salat zubereitet – macht dagegen keinerlei Probleme dieser Art. Die Pflanzen liefern ein Jahr oder länger Blätter; in milden Regionen ist sogar eine Winterernte möglich. Blattmangold ist ein vielseitiges Gemüse, dessen Anbau sich lohnt. Natürlich gibt es Menschen, die ihm den delikaten Geschmack des Spinats absprechen, aber mir macht das nichts aus.

Staudensellerie

Guten Sellerie zu ziehen, ist schwer. Er ist auf konstante Bodenfeuchtigkeit angewiesen – einmal ausgetrocknet, erholt er sich nie wieder. Außerdem braucht Sellerie guten Boden und muss regelmäßig gedüngt werden. Viele Sorten müssen mit einem Pappkragen umwickelt (mit Schnur festbinden) und dreimal mit Erde aufgehäufelt werden, um die Blattstiele zu bleichen. Außerdem gehören sie zu den Lieblingsspeisen der Schnecken. Knollensellerie hat ein ähnliches Aroma, kommt aber mit viel weniger Aufwand zur Reife.

Knollenfenchel

Wäre der Knollenfenchel nicht so anspruchsvoll in Bezug auf seine Wachstumsbedingungen, würde ich ihn wegen seines feinen Aromas unbedingt empfehlen. Er macht nicht einmal viel Arbeit, reagiert aber auf jede Störung, schießt in die Höhe, bildet Blüten und wird so ungenießbar. Wassermangel, Störungen der Wurzeln, schlechte Böden, Temperaturänderungen oder kalte Nächte reichen aus, um ihn schießen zu lassen.

Auberginen, Paprika in kühlen Regionen

Im warmen Klima oder in einem Gewächshaus wäre gegen die beiden nichts einzuwenden, denn sie brauchen den ganzen Sommer über recht hohe Temperaturen. Liegt der Garten jedoch in einer kühlen Region, können die Pflanzen allenfalls im Kübel vor einer sonnigen Wand in Hausnähe eine ordentliche Ernte liefern. Auberginen stammen aus tropischen Ländern; sie verkümmern in feuchtem, kaltem Klima.

Gartenkürbis

Kürbisse wachsen unter denselben Bedingungen wie Zucchini, kommen mit geringem Aufwand aus. Allerdings breiten sie sich sehr stark aus und bilden keine besonders hübschen Blüten. Jede Pflanze braucht mindestens 1 m² Platz und liefert 2 – 3 Kürbisse (Für große Früchte die meisten Blüten abschneiden). Ich persönlich mag sie nicht so gern und erkenne keinen Unterschied zu gekauften Kürbissen.

Stabtomaten

Während Stabtomaten über ein Spalier oder „Tomatenstäbe" wachsen müssen (sie müssen festgebunden, die Seitentriebe abgeknipst und die Blütenstände abgeschnitten werden), kann man Strauchtomaten einfach sich selbst überlassen – schmecken genauso gut.

Das Schattenproblem

In die Entscheidung, welche Pflanzen angebaut werden sollen, müssen unbedingt auch die Bedingungen des Grundstücks einfließen. Dabei steht der Schatten an oberster Stelle, denn die meisten Gemüse und Obstgehölze brauchen sonnige, geschützte Standorte. Im tiefen Schatten geht nichts, es gibt aber einige Sorten, die ganz gut im Halbschatten gedeihen. Es wäre vertane Mühe, eine Sonnenpflanze im Schatten pflegen zu wollen. Obst braucht während der Vegetationszeit mindestens sechs Stunden täglich Sonne. Wurzelgemüse kommt auch mit weniger aus, doch die besten Sorten für den Halbschatten sind Blattgemüse, deren Blätter in praller Sonne leiden würden.

PFLANZEN, DIE HALBSCHATTEN VERTRAGEN
- Blattmangold
- frühe Kohlsorten
- Frühlingszwiebeln
- Radieschen
- Blattsalat
- Stachelbeeren
- Stielmangold
- Topinambur
- Rote und Schwarze Johannisbeere
- Rhabarber
- Erbsen und Bohnen (nur sehr lichten Schatten)

Pflegeleichtes Gemüse

Salate & Blätter 50

Hülsenfrüchte 60

Wurzeln & Knollen 72

Kohl 88

Stängel & Knollen 96

Fruchtgemüse 104

Zwiebel-Familie 126

Beerenobst 142

Essbare Blüten 156

*** sehr einfach **☆ einfach *☆☆ ziemlich einfach

Salate
& Blätter

Blattmangold • Stielmangold • Kopf– & Pflücksalate • Einzelblattsalate

Blattmangold ★★★

Der Blattmangold liefert bei geringstem Platzbedarf reichlich saftige Blätter für Salate oder warme Gerichte. Die ersten Blättchen erscheinen kurz nach der Aussaat und die Ernte zieht sich mit geringfügigem Pflegeaufwand bis in den nächsten Frühling hin. Ein produktives Gartenjahr aus einer einzigen Pflanzung! Blattmangold ist ein dankbares Gemüse (statt Spinat); geerntet werden immer nur einzelne Blätter von verschiedenen Pflanzen. Tatsächlich werden die Blättchen mit jeder Ernte zarter. Da die Pflanze sehr ordentlich wächst, eignet sie sich gut als Beetbegrenzung. Seinen Ruf als „Spinat des armen Mannes" hat Blattmangold nicht verdient; er schmeckt gut, lässt sich in der Küche bestens verarbeiten und sogar im Winter ernten, wenn es keinen Spinat mehr gibt. Außerdem gedeiht Blattmangold auch auf trockenen Böden, wo Spinat versagen würde – eine perfekte Pflanze für den Anfänger, die auch im Kasten wächst.

Sorten, die einen Versuch lohnen
Werden nur selten mit Sortennamen angeboten.

Pflanzen oder säen?
Pflanzen.

Pflanzabstände
15 cm Pflanzabstand; 30 cm zwischen den Reihen; versetzt pflanzen; wächst gut in der Gruppe.

Wann pflanzen?
Mitte Frühjahr.

Wann ernten?
Frühsommer, je nach Wetter einige Wochen nach dem Einpflanzen.

Wie viele Exemplare?
Schon 20 Pflanzen garantieren eine gute Ernte.

Mehrfachsaat?
Nein.

Oben Diese Jungpflanzen haben bereits mehrere Ernten hinter sich und werden noch mehrere Monate lang „liefern".

Ideale Bedingungen
Keine Ansprüche.

Pflege
Ernten Sie regelmäßig ein paar Blätter, zu Beginn allerdings nur wenige, damit die Pflanzen gut anwachsen können. Sie wachsen auch ohne Schutz im Winter weiter; in kalten Regionen können die Blätter leiden (mit Vlies abdecken).

Wann gießen?
Kommt mit trockenen Böden zurecht, gedeiht aber besser, wenn er bei langer Trockenheit gegossen wird.

Häufige Probleme und Lösungen
Keine.

Stielmangold ★☆☆

Die dicken, farbigen Stiele und die langen, welligen Blätter mit den farbigen Blattadern sehen attraktiv aus. Die Blätter welken nach der Ernte sehr rasch. Junge Blätter werden als Ganzes gekocht, bei den größeren Blättern werden die dicken Stiele entfernt. Sie lassen sich separat kochen oder kompostieren. Die leuchtend grünen, jungen Blätter sehen in grünen Salaten gut aus.

Sorten, die einen Versuch lohnen

'Genfer' (auch Schweizer Stielmangold) hat tiefgrüne Blätter mit dicken, weißen Blattstielen. Er wird 50 cm hoch, liefert die reichste Ernte und ist die robusteste Sorte.

'Northern Lights' hat leuchtend bunte Stiele, die mir immer etwas künstlich vorkommen. Die Sorte ist ein hübscher Farbfleck im Gemüsegarten, wächst aber nicht so gut wie der biedere 'Genfer'.

'Ruby Chard' hat leuchtend rote Blattstiele und dunkelgrüne Blätter – ein echter Blickfang. Er ist ähnlich pflegeleicht wie 'Northern Lights', aber nicht so produktiv wie der 'Genfer'; sehr dekorativ und wächst gut im Kasten.

Pflanzen oder säen?

Keimpflänzchen setzen.

Pflanzabstände

20 cm Pflanzabstand; 40 cm zwischen den Reihen; versetzt pflanzen.

Wann pflanzen?

Spätfrühling.

Wann ernten?

Die Blätter werden einzeln nach Bedarf geerntet, sobald sie groß genug sind. Die dicken Blattstiele werden mit dem Messer abgeschnitten. Man kann sie bis zu den ersten Frösten ernten, dann erfrieren sie. Manchmal treiben sie im Frühling aber wieder aus. Wenn sie bis zum Boden zurückgeschnitten werden, bilden sich winzige, saftige neue Blätter.

Wie viele Exemplare?

20 Pflanzen.

Mehrfachsaat?

Nein.

Ideale Bedingungen

Keine Ansprüche.

Pflege

Nur wenn die Blätter regelmäßig geerntet werden, bilden sich neue. Die großen Blätter sind zu zäh, sie kommen besser auf den Komposthaufen.

Wann gießen?

Während trockener Phasen.

Häufige Probleme und Lösungen

Ein Schutz vor **Schnecken** ist empfehlenswert, wenn sie sich in Ihrem Garten breitmachen.

Rechts Ein paar dieser saftigen Blätter machen sich gut im Salat.

Kopf- & Pflücksalate ★☆☆

Es gibt eine erstaunlich große Zahl von Sorten für den Gemüsegarten: in unterschiedlichen Blattformen und -farben, von rot-kraus bis knackig grün und mit gewellten Blättern im Bronzeton. Sie bilden die Zutat für alle sommerlichen Salate und sehen im Garten genauso attraktiv aus wie auf dem Tisch. Es macht mir immer wieder Spaß, die unterschiedlichen Sorten zu pflanzen: kontrastreiche Blattformen und Farben, dazu ein paar Ringelblumen. Es gibt einige Sorten, die sogar den Winter über wachsen; sie sind aber anspruchsvoll in der Pflege und werden besser durch verlässlichere Sorten ersetzt. Ich habe es versucht und Wintersalat in ein Beet gesetzt. Doch trotz aller Mühen und gutem Schutz gingen sie alle verloren. Auf gutem Boden und mit ausreichender Wasserversorgung beanspruchen Sommersalate nur wenig Zeit. Die Suche nach pflegeleichten Sorten lohnt sich unbedingt, denn Salate lassen sich über einen langen Zeitraum ernten und liefern nach einer einzigen Pflanzaktion die Zutaten für Salate und Sandwichs.

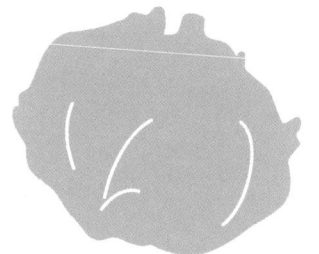

Sorten, die einen Versuch lohnen

'Can Can' ist eine grüne Sorte ohne Herz mit süßen, knackigen, krausen Blättern, die immer wieder treiben; gute Resistenz gegenüber Krankheiten.

'Salad Bowl' ist eine große Sorte, die immer wieder treibt und Blätter für einen ganzen Sommer liefert; schießt nur selten.

'Pinokkio' ist ein Römersalat mit gutem Herz und resistent gegen Falschen Mehltau.

'Sentry' hat sehr dekorative, gewellte, rötliche Blätter; man kann ihn als Ganzes abschneiden oder einzelne Blätter ernten; gute Resistenz gegenüber Mehltau.

'Fristina' ist ein verlässlicher Eichblattsalat mit gutem Aroma.

'Little Gem' ist ein kleiner Salat mit knackigem, hellem Herz; er wächst schnell und kompakt, man muss also nicht sehr lange warten, bis sich das Herz gebildet hat; lassen Sie sich nicht verführen, zu viele Salate mit Herz zu pflanzen, denn sie werden alle zur selben Zeit erntereif.

'Lollo Rosso' ist ein stark krauser Salat ohne Herz, dessen Blätter nach Bedarf geerntet werden; sehr attraktive Pflanze mit gutem Geschmack.

Pflanzen oder säen?

Die ersten Salate pflanzen, spätere aussäen.

Pflanzabstände

10 cm zwischen kleinen und 25 cm zwischen größeren Sorten.

Wann pflanzen?

Spätfrühling.

Wann ernten?

Sobald die Pflanzen groß genug sind, werden die äußeren Blätter geerntet. Pflücken Sie immer nur ein bis zwei Blätter je Kopf und lassen Sie in der Mitte vier bis fünf Blätter stehen. Im Sommer regenerieren die Pflanzen rasch, im Frühling und Herbst dauert es etwas länger. Sobald die Köpfe schießen, werden sie entfernt.

Links Salat aus eigener Ernte kann sofort nach der Ernte gegessen werden; die Blätter sind saftig, knackig und haben Biss.

Kopf- & Pflücksalate

Wie viele Exemplare?

Etwa 20.

Mehrfachsaat?

Ich setze am Anfang der Vegetationszeit Pflücksalate. Nachdem ich mehrfach Blätter geerntet habe, säe ich Nachfolger direkt ins Beet; sie sind gegen Ende der Vegetationszeit erntereif.

Ideale Bedingungen

Salate mögen nährstoffreiche, lockere Böden.

Pflege

Jungpflanzen müssen von konkurrierenden Unkräutern befreit werden; später decken sie den Boden ab.

Wann gießen?

Salat muss regelmäßig gegossen werden; das Gießwasser darf aber nicht über die Blätter fließen; sie würden sonst faulen.

Häufige Probleme und Lösungen

Schnecken lieben zarte Salatblättchen – sie sind eine echte Bedrohung für die Jungpflanzen; große Exemplare vertragen einen gewissen Fraßverlust. Auf S. 185 stehen einige Lösungen zum Schutz der Pflanzen.

Blattläuse werden unangenehm, wenn sie in größerer Zahl auftreten. Es macht viel Arbeit, sie von den Blättern abzuwaschen – meine Mutter sagt, wer will sein Essen schon aus zweiter Hand? Gegen Blattläuse hilft ein insektensicheres Vlies über dem Beet.

Bei heißem Wetter oder unregelmäßigem Gießen kann **Schießen** zum Problem werden. Da die Blätter der geschossenen Salatköpfe bitter schmecken, sind sie leider ungenießbar und gehören auf den Kompost.

Rechts Wenn Sie von verschiedenen Sorten immer nur wenige Salatblätter pflücken, bleiben die Pflanzen über Wochen erhalten.

Einzelblattsalate ★★☆

Salate mit einzelnen Blättern bringen fast mühelos eine erfolgreiche Ernte: Samen verstreuen, gießen und abwarten. Manche Sorten können schon nach drei bis vier Wochen, noch vor der völligen Reife, geerntet werden. Die Sortenvielfalt ist fast unübersehbar, die Blätter kommen in allen möglichen Aromen, Farben und Formen vor – die Zeit langweiliger Salate ist vorbei. Auch einzelne Blätter von jungem Grünkohl, Roter Bete oder den asiatischen Salaten Komatsuna, Mizuna, Chinakohl oder Senf lassen sich zu Salaten verarbeiten. Für den Einsteiger bietet der Fachhandel Samentüten mit gemischten Blattsalaten an. Einige Sorten sind bereits nach wenigen Wochen erntereif. Die Mischungen sind unterschiedlich zusammengestellt, nach würzigen Blättern, schnellem Wuchs oder Wintersalaten. Viele der ausgewachsenen Pflanzen lassen sich wie Pflücksalate blattweise ernten. Zusammen mit frischen Kräutern und bunten essbaren Blüten entstehen köstliche Salate, die den Fertigprodukten weit überlegen sind. Diese Salate wachsen auch sehr gut im Kasten; ich habe sie sogar schon in einer Schale auf dem Küchentisch gezogen.

Sorten, die einen Versuch lohnen

Jede Mischung aus dem Samentütchen; Sie können auch Lieblingssalate selbst zusammenstellen.

Pflanzen oder säen?

Säen.

Pflanzabstände

Ziehen Sie 1 cm tiefe Saatrillen und streuen Sie die Samen dünn aus; späteres Vereinzeln ist nicht nötig. Die Salate dürfen auch breitwürfig, flächenhaft ausgestreut werden; das geht einfach, nutzt den Platz und sieht hübsch aus. Die Aussaat im Breitwurf hat allerdings einen Nachteil: Die keimenden Salatpflänzchen sind nicht von Unkraut zu unterscheiden; in einer geraden Reihe geht das viel leichter. Ich säe sie immer in einer Lage Kompost aus.

Wann säen?

Je nach den Packungsangaben; ab dem zeitigen Frühjahr bis in den Herbst.

Links Diese Mischung aus Blättern, darunter Mizuna, Senfblätter und Rucola sorgt für angenehmen Geschmack, Biss und Farben.

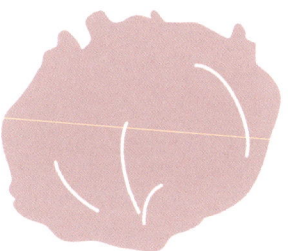

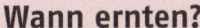

Rechts In diesem Stadium sind die Salate kaum von Unkraut zu unterscheiden; jetzt zahlt es sich aus, wenn der Salat in geraden Reihen gesät wurde.

Wann ernten?

Die Ernte beginnt, sobald die Pflänzchen etwa 10 cm hoch sind. Schneiden Sie die Blätter mit einer Schere oder knipsen Sie sie mit dem Fingernagel ab. Als Alternative können Sie eine 10–15 cm hohe Salatpflanze auch 5 cm über dem Boden ganz abschneiden. Nach drei bis vier Wochen sind neue Blätter ausgetrieben.

Wie viele Exemplare?

Jeweils ein Viertel bis die Hälfte einer Samentüte.

Mehrfachsaat?

Ja. Die neue Charge wird ausgesät, kurz bevor der Vorgänger erntereif ist.

Ideale Bedingungen

Feuchter, nährstoffreicher Boden.

Pflege

Unkraut jäten, vor allem so lange die Pflänzchen noch klein sind.

Wann gießen?

Blattsalate müssen regelmäßig gegossen werden, denn sie brauchen einen dauerhaft feuchten Boden; gießen Sie den Boden, nicht die Pflanzen (Tröpfelbewässerung ist perfekt).

Häufige Probleme und Lösungen

Die größten Schädlinge unter den Insekten sind **Blattläuse** und **Erdflöhe**; das richtet sich nach der Art der Blätter. Den sichersten Schutz bietet eine komplette Abdeckung unter Insektenvlies oder einem insektensicheren Netz im Sommer.
Schnecken machen sich gerne über die Blätter her; auf S. 185 werden einige Schutzmaßnahmen vorgestellt.

Hülsenfrüchte

Erbsen & Zuckererbsen • Buschbohnen •

Borlotti-Bohnen • Stangenbohnen • Dicke Bohnen

Erbsen & Zuckererbsen ★★☆

Die frischen, saftigen Erbsen aus dem Gemüsegarten schaffen es nur selten bis auf den Tisch. Frische Erbsen aus dem Garten sind nicht mit Erbsen aus dem Laden zu vergleichen, denn der Zucker verwandelt sich nach der Ernte in Stärke. Tiefgefrorene Erbsen mögen noch angehen, aber auch sie sind eben nur fast so gut wie frisch. Erbsen wachsen zwar gut, doch für eine kontinuierliche Versorgung ist etwas Platz und gute Planung erforderlich. Manchmal ist es besser, zwei oder drei aufeinanderfolgende Aussaaten zu machen und dann schubweise zu ernten. Der größte Arbeitsaufwand ist das Enthülsen, doch meine Familie erklärt sich stets freiwillig bereit dafür – allerdings landen auch viel weniger Erbsen im Topf. Zuckererbsen ersparen die Mühe des Enthülsens, denn die zarten Hülsen werden als Ganzes gegessen. Wenn sie zu lange auf den Pflanzen bleiben, bilden sich Fädchen. Es gibt Erbsen mit glatten und runzligen Oberflächen. Runde Sorten sind widerstandsfähiger, runzlige süßer.

Sorten, die einen Versuch lohnen

'Kelvedon Wonder' gehört zu meinen Lieblingen. Da sie vom zeitigen Frühling bis in den Frühsommer ausgesät werden kann, komme ich mit dieser Sorte aus. Sie bildet zahlreiche, wohlgefüllte Hülsen mit großen, süß schmeckenden Erbsen, die sehr schnell reifen. Sie wird etwa 150 cm hoch und ist resistent gegen Mehltau.
'Hurst Green Shaft' lohnt einen Versuch; sie liefert eine reiche Ernte süß schmeckender Erbsen und ist resistent gegenüber Krankheiten. Die Pflanzen werden 75 cm hoch und bilden ihre Hülsen während der gesamten Vegetationsperiode.
'Onward' liefert ebenfalls dauerhaft Hülsen, ist resistent gegen einige Krankheiten und hat ein gutes Aroma; sie wird etwa 1 m hoch.
'Little Marvel' ist eine sehr süße, kleine Sorte, die nur 45 cm hoch wird; sie liefert früh im Jahr eine ausgezeichnete Ernte.
'Oregon Sugar Pod' ist eine großartige, schnell wachsende Zuckererbse. Die jung geernteten Hülsen sind knackig und fleischig und schmecken gut in Salaten, im Wok oder gedämpft.

Pflanzen oder säen?

Säen.

Oben Die jungen Triebe der Erbsen schmecken gut in Salaten. Um die Ernte nicht zu gefährden, dürfen Sie nur sehr wenige Blätter ernten.

Pflanzabstände

Ab Frühlingsmitte werden die Samen in 20 cm breiten Rillen in zwei bis drei Reihen gesät, sodass die Samen einen Abstand von 5 cm haben. Der Rillenabstand sollte bei kleinen Sorten 45–60 cm betragen. In kleinen Beeten bietet sich die blockweise Aussaat an; 8–10 Samen auf eine Fläche von 30 × 30 cm. Planen Sie die Blöcke so, dass Sie die inneren Pflanzen vom Beetrand ernten können.

Wann säen?

Frühe Sorten werden ab dem zeitigen Frühjahr ausgesät, die Sorten für die gesamte Vegetationsperiode Mitte bis Ende Frühling. Einige winterharte Sorten können sogar noch im Herbst ausgesät werden und liefern früh im Folgejahr die ersten Erbsen. Ich habe aber die Erfahrung gemacht, dass der Boden zu kalt und feucht ist, die Wurzeln verrotten oder sich Mäuse und Vögel über die Erbsen hermachen – ein dauerhafter Schutz wäre nötig, und das Ergebnis lohnt nicht den Aufwand. Ich warte lieber etwas ab und verschwende weder Zeit noch Samen.

Erbsen & Zuckererbsen

Wann ernten?

Frühe Sorten, die im zeitigen Frühjahr gesät wurden, sind nach 10–12 Wochen im Sommer erntereif. Die Hülsen der Zuckererbsen werden gepflückt, sobald sie 4 cm lang sind. Ältere Hülsen sind zäh und haben Fäden.

Wie viele Exemplare?

Reihenlänge bei der Aussaat 2–3 m.

Mehrfachsaat?

Säen Sie 2–3 Chargen im Abstand von drei Wochen oder wenn vorher gesäte Erbsen 7,5–10 cm hoch sind. Säen Sie 'Kelvedon Wonder' mehrfach oder eine frühe Sorte und eine für die Hauptvegetationsperiode.

Ideale Bedingungen

Erbsen mögen mit Kompost angereicherte Böden. Da die Wurzeln in kaltem, nassem Boden verrotten, brauchen vor allem die früh ausgesäten Sorten gut durchlässige Böden. Ansonsten sind Erbsen völlig problemlos und vertragen sogar etwas Schatten.

Pflege

Alle Erbsen, sogar die niedrigen Sorten, wachsen besser auf einer Kletterunterlage. Einfache Zweige (Haselnuss, Birke) sehen hübsch aus und sind praktisch. Schneiden Sie die Zweige im eigenen Garten oder besorgen Sie welche beim Gärtner. Es gibt auch spezielle Plastiknetze für Erbsen, die über den Reihen an stabilen Stützen aufgespannt werden (Erbsen werden schwer) – Zweige sind praktischer und gratis. Ab einer gewissen Größe vertragen Erbsen auch einige Unkräuter.

Erbsen aussäen

1 Die Saaterbsen sind ein Fest für Nagetiere; tunken Sie die Samen in Algendünger, das sollte die Tiere abhalten.

2 Säen Sie die Erbsen versetzt in flache, 20 cm breite Rillen (mehrere Reihen); ca. 5 cm Abstand untereinander. Alternativ: Gruppensaat (8–10 Samen, Quadrate à 30 × 30 cm).

Wann gießen?

In der Blütezeit und sobald sich die Hülsen bilden. Erbsen müssen zum richtigen Zeitpunkt gegossen werden; das spart Zeit und Wasser: Gießwasser zur Blüte- und Fruchtzeit steigert den Ertrag erheblich. Vom Austrieb bis zur Blüte ist kein Wässern nötig, außer bei trockenem Wetter. Tatsächlich investieren Erbsen überschüssiges Wasser vor der Blüte in üppiges Blattwachstum.

Häufige Probleme und Lösungen

Erbsen sind gewöhnlich nicht besonders heikel und die wenigen Probleme sind vermeidbar.

Vögel und Mäuse mögen Erbsen; mir ist allerdings aufgefallen, dass sie fast ausschließlich die Frühsaaten aus dem Boden scharren. Ein engmaschiger Draht hilft hierbei. Nager verschmähen Samen, die vor der Aussaat in Algendünger gebadet werden.

Mehltau tritt vorwiegend im Herbst und bei Trockenheit auf; säen Sie resistente Sorten. Mehltau beginnt wie ein feiner Staub auf den Spitzen der Blätter und kann die gesamte Pflanze überziehen.

Auch **Erbsenwickler** können zum Problem werden. Es gibt kaum eine größere Enttäuschung als die lang erwarteten Hülsen zu öffnen und auf winzige Maden zu stoßen. Da die Falter ihre Eier in die Blüten von Pflanzen legen, die im Hochsommer fruchten – dann entwickeln sich die Raupen in den Hülsen – säen wir nur relativ früh und relativ spät. Als Alternative bietet sich ein Insektennetz über den blühenden Pflanzen an. Wenn die Erbsen stark von Erbsenwicklern befallen waren, müssen sie im Folgejahr in ein anderes Beet gesät werden, denn die Falter verpuppen sich im Boden.

3 Wenn sich die ersten Blättchen zeigen, werden Hasel- oder Birkenzweige als Stützen ins Beet gesteckt; das geht einfacher, als ein Netz aufzuspannen.

4 Die Erbsen werden geerntet, wenn sie sich in den Hülsen abzeichnen. Jüngere Erbsen sind süßer und schmecken vortrefflich; die Ernte ist aber kleiner.

Buschbohnen ★☆☆

Für mich sind Buschbohnen die Gourmet-Alternative zu Stangenbohnen. Sie sind zarter, haben mehr Aroma und sind viel leichter zuzubereiten. Hätte ich nur Platz für eine Bohnensorte, würde ich mich für Buschbohnen entscheiden. Keine Fäden, kein zerschneiden und jede Menge Geschmack. Im Garten sind sie kaum empfindlicher als Stangenbohnen. Kletternde Sorten sind die besten, weil sie im Verhältnis zum Platzbedarf eine größere Ernte liefern und länger tragen. Die Zwergsorten eignen sich besser für Kästen oder an windigen Stellen. Es gibt Sorten mit purpurnen und gelben Hülsen.

Sorten, die einen Versuch lohnen

'Cobra' ist meine Lieblingssorte. Sie liefert bis in den Herbst hinein eine reiche Ernte langer, zarter, heller Hülsen ohne Fädchen; sie tragen, solange wir ernten. Außerdem hat sie hübsche purpurne Blüten.
'Blue Lake' ist eine ältere, kletternde Sorte; die Hülsen sind essbar, können aber auch auf der Pflanze bleiben, bis die grünen Samen reif sind.
'Purple King' hat kräftig purpurn gefärbte Hülsen. Leider verschwindet die Farbe, wenn die Bohnen gekocht werden.

Pflanzen oder säen?

Säen.

Pflanzabstände

5–10 cm Abstand zwischen den Samen, jeweils zwei in 5 cm Tiefe. Wenn beide austreiben, wird der schwächere Keimling entfernt. Wenn sie über ein Stangenzelt (oder einen Tunnel) gezogen werden, bleiben zwischen den Reihen 60 cm Abstand.

Wann säen?

Sehr spät im Frühling bis zum Frühsommer; die Pflanzen vertragen keine Nachtfröste und brauchen mindestens 12 °C Keimtemperatur.

Oben In diesem Stadium können die Schnecken in einer einzigen Nacht allen Jungbohnen den Garaus machen; stülpen Sie eine abgeschnittene Plastikflasche darüber. Bei den großen Pflanzen richten die Schnecken keinen größeren Schaden mehr an.

Wann ernten?

Die ersten Hülsen werden 10–12 Wochen nach der Aussaat geerntet. Zu dieser Zeit stehen erst wenige Hülsen an den Trieben, doch die Ernte regt die Pflanze zur Bildung neuer Früchte an. Wer lieber auf die reifen Samen warten möchte, lässt die Hülsen ausreifen, bis sie braun und trocken werden. Bohnenpflanzen mit reifenden Hülsen bilden keine neuen Früchte: Planen Sie daher entweder genügend Extra-Pflanzen ein oder ernten Sie nur die ersten Hülsen und lassen die späteren reifen. Es ist zwar günstiger, die Hülsen vollständig auf der Pflanze ausreifen zu lassen, doch bei starken Regenfällen oder Frostgefahr werden die Hülsen geerntet und im Zimmer getrocknet.

Oben Die intensive Farbe der Sorte 'Purple King' bleicht leider beim Kochen aus.

Buschbohnen

Wie viele Exemplare?
In 2–3 m langen Reihen aussäen.

Mehrfachsaat?
6–8 Wochen nach der ersten Saat wird eine zweite Charge ausgesät. Wenn die Abstände bei der ersten Aussaat etwas größer gehalten werden, können Sie die neuen Samen zwischen die alten Bohnenpflanzen säen.

Ideale Bedingungen
Guter, nährstoffreicher Boden mit hohem Kompostanteil.

Pflege
Kletternde Sorten brauchen eine Unterstützung – Einzelstangen, Stangenzelte oder Netze. Sie winden sich um jede Unterlage auf ihrem Weg nach oben. Sobald sie eine gewisse Größe erreicht haben, wird der Boden um die Pflanzen gemulcht, um das Unkraut fern und die Erde feucht zu halten; Grasschnitt oder Zeitungen sind gut geeignet.

Wann gießen?
Sobald die Blüten erscheinen, wird bei trockenem Wetter gegossen; das steigert den Ertrag.

Häufige Probleme und Lösungen
Schnecken sind das größte und eigentlich auch das einzige Problem, mit dem Buschbohnen zu kämpfen haben. Ich lege immer zwei Samen in eine Mulde und schütze sie mit einer abgeschnittenen Plastikflasche (gut in den Boden eindrehen).
Ein anderes Problem ist die **Ungeduld.** Die Bohnen dürfen nicht zu früh in kühlen, feuchten Boden gesät werden, selbst wenn sie es schaffen zu keimen, könnten die Pflanzen eingehen.

Borlotti-Bohnen ★☆☆

Wenn ich meine eigenen Regeln streng anwenden würde, bekämen die Borlotti-Bohnen sicher keinen Platz
im Garten, denn der Ertrag ist ziemlich gering. Dennoch
möchte ich nicht auf sie verzichten, weil die Hülsen mit
ihren roten Zeichnungen nicht nur prachtvoll aussehen,
sondern auch wunderbar schmecken – für geräumige
Gärten möchte ich sie dringend empfehlen. Alle Anga-
ben bei den Buschbohnen (S. 65 – 66) gelten auch für
die Borlotti-Bohnen. Die bekanntesten Sorten sind 'Bor-
lotto Lingua di Fuoco' und 'Fire Tongue'.

Rechts Leuchtend rote Blüten und rot gezeichnete Hülsen sorgen
für Farbflecke im Gemüsebeet.

Stangenbohnen ★★★

Stangenbohnen gehören zu den einfachsten Gemüsen. Da sie verlässlich und reichlich tragen, erreicht jeder Gärtner, der zu viele davon gesät hat, den Punkt, an dem Freunde die freundliche Gabe ablehnen. Es ist ein Vergnügen, sie wachsen und blühen zu sehen, doch verschwenden Sie weder kostbare Zeit noch Platz für Aussaat und Pflege – nicht zu reden von der Zeit für die Ernte! Dennoch, lassen Sie sich nicht abhalten, säen Sie mit Bedacht und frieren Sie die überzähligen Bohnen ein; eine wunderbare Pflanze vor allem für Einsteiger.

Sorten, die einen Versuch lohnen

'Celebration' wird früh reif, liefert viele Bohnen; lachsrosa Blüten. Resistent gegen Rostpilze.

'Red Rum' ist ebenfalls sehr früh reif und liefert eine große Ernte außergewöhnlich aromatischer Bohnen. Wenn Sie Probleme haben, Bohnen zum Blühen zu bringen, sind Sie mit dieser Sorte gut bedient: Sie blüht sogar unter schlechten Bedingungen sehr gut; resistent gegen die Fettfleckenkrankheit.

Pflanzen oder säen?

Säen.

Pflanzabstände

Je zwei Bohnen in ein Loch von 5 cm Tiefe, im Abstand von 15–25 cm; keimen beide, wird der schwächere entfernt. Wenn Sie die Bohnen über Tunnel aus schrägen Stangen ziehen wollen, brauchen Sie mindestens 30 cm Abstand zwischen den Reihen.

Wann säen?

Erst säen, wenn keine Nachtfröste mehr drohen (frühestens im Spätfrühling).

Wann ernten?

Erste Ernte bereits 10–12 Wochen nach Aussaat möglich; regelmäßige Ernte: Bildung neuer Hülsen.

Wie viele Exemplare?

Eher zu viel als zu wenig aussäen. Fangen Sie mit einer 2,50 m langen Doppelreihe an.

Mehrfachsaat?

Ist möglich; siehe Gefahr der Überproduktion.

Ideale Bedingungen

Bohnen sind „hungrig"; sie brauchen sehr nährstoffreichen Boden (hoher Kompostanteil). Manche Gärtner schichten den Winter über organisches Material in einen Graben, wo im Frühling die Bohnen gesät werden (nicht erforderlich, aber stets besser, auch bei guten Böden). Bohnen gedeihen besonders gut auf frisch angelegten Beeten mit dicker Mulchschicht (siehe S. 25–27).

Pflege

Stangenbohnen sind auf eine Kletterunterlage angewiesen. Das können entweder einfache Stangen oder zwei Stangenreihen sein, die sich zur Mitte hin neigen und mit den Spitzen an eine waagerechte Stange gebunden werden; der Abstand der beiden Reihen sollte 30–60 cm betragen. Ich lasse meine Stangenbohnen an schräg gespannten, rauen Seilen hochklettern; dafür sind allerdings mehrere Sorten nötig, um einen Fruchtwechsel möglich zu machen. Auch ein Stangenzelt eignet sich gut als Unterlage. Wenn die Bohnen das Ende der Unterlage erreicht haben, werden die Spitzen abgeknipst und der Boden mit Grasschnitt oder Kompost gemulcht, um die Unkräuter zu unterdrücken und die Bodenfeuchte zu erhalten. Reife Hülsen müssen regelmäßig geerntet werden, damit sie nicht ungenießbar werden; außerdem hemmen sie die Bildung neuer Hülsen.

Wann gießen?

Stangenbohnen sind „durstig", regelmäßig gießen.

Häufige Probleme und Lösungen

Stangenbohnen sind robust, sie verlangen nur wenig Aufmerksamkeit. Manchmal bilden sich **keine Hülsen aus den Blüten** – ein häufiges Problem. Wenn Sie damit zu kämpfen haben, sollten Sie mehr gießen und die Mulchschicht erneuern, damit der Boden feucht bleibt. Auf die **Fettfleckenkrankheit** sollten Sie ein Auge haben (heller Ring mit dunklem Zentrum auf den Blättern). Blätter abknipsen und vernichten, sonst droht weiterer Befall!

Rechts Die Ranken von 'Celebration' umschlingen ein Spannseil; daneben die erntereifen Hülsen.

Dicke Bohnen ★☆☆

Die bescheidene Dicke Bohne ist eine der ältesten Kulturpflanzen der Menschheit. Ihr Platz im Gemüsegarten ist ihr sicher, denn sie ist als eine der ersten Bohnen erntereif. Pflücken Sie die Hülsen, solange sie noch klein und weich sind. Frische Samen schmecken völlig anders als die typischen, stärkereichen Bohnen, die in den Geschäften angeboten werden. Je länger die Hülsen an der Pflanze stehen, desto stärkereicher werden die Bohnen; wer es jedoch nicht erwarten kann und zu früh erntet, wird durch geringe Erträge bestraft. Als eines der frühesten Gemüse gehört ihnen eine Reihe im Beet. Später im Jahr kommen noch sehr viele weitere Bohnen nach.

Links Diese perfekt geformten Hülsen von 'Aquadulce Claudia' mit sechs bis sieben Samen stehen kurz vor der Erntereife.

Sorten, die einen Versuch lohnen

'Aquadulce Claudia' liefert sehr verlässlich fantastische, lange Hülsen. Sie gilt als die beste Sorte für eine frühe Ernte (gesät im Herbst).
'The Sutton' ist eine kompakte Zwergsorte, die in engeren Reihen gesät werden kann. Sie kann im Herbst oder Frühjahr ausgesät werden; gut für windige Standorte.

Pflanzen oder säen?

Säen.

Pflanzabstände

Säen Sie Doppelreihen mit 10 cm Abstand zwischen den Samen, 30 cm zwischen den Reihen und 60 cm zwischen Doppelreihen. Die Bohnen werden 5 cm tief, versetzt mit jeweils 15 cm Abstand gesät.

Wann säen?

Für dicke Bohnen gibt es zwei Aussaattermine: von Sommer bis Frühwinter, oder vom zeitigen Frühjahr bis zum Sommerbeginn. Die Pflanzen der Herbstaussaat sind kräftiger und nicht so anfällig gegenüber der Schwarzen Blattlaus. Die Jungpflanzen sind recht robust; sie vertragen Temperaturen bis -10°C. Die einzigen Gefahren sind hungrige Nager, die sich an den Samen bedienen, oder feuchte Böden, in denen sie verrotten. Die Pflanzen der Frühlingssaat wachsen schneller. Nach meiner Erfahrung lohnt sich die spätere Aussaat nicht; ich säe nur noch im sehr zeitigen Frühling. Die Pflanzen der Spätsommersaat werden gerne von Blattläusen befallen; ein bis zwei Aussaaten im Frühling, wo die Blattläuse keine größeren Probleme machen, sichern eine gute Ernte.

Wann ernten?

Die Bohnen sind erntereif, sobald sie sich in den Hülsen abzeichnen; etwa 16 Wochen nach der Frühlingssaat.

Wie viele Exemplare?

Unter besten Bedingungen liefert eine 1 m lange Bohnenreihe etwa 1 kg; mehrere 2 m lange Reihen sind also ausreichend.

Rechts Ein dünner Maschendraht über den Jungpflanzen hält Nagetiere von den Samen fern.

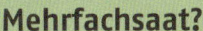

Mehrfachsaat?

Möglich, aber ich habe festgestellt, dass die späten Aussaaten im nächsten Frühling nicht genug Ertrag bringen. Also säe ich im sehr zeitigen Frühjahr und je nach verfügbarem Platz noch ein zweites Mal. Danach treten verstärkt schwarze Blattläuse und Braunfleckenkrankheit auf; außerdem gibt es später genügend andere Gemüse.

Ideale Bedingungen

Dicke Bohnen gedeihen am besten in tiefen, nährstoffreichen Böden, wachsen aber auch auf ärmeren Böden.

Pflege

Die robusten Dicken Bohnen brauchen kaum mehr als eine solide Stütze – nur die hohen Sorten an windigen Standorten. Bauen Sie einen „Käfig" aus Pfosten mit Draht oder Bambusstäben. Nach der Ernte wird nur das oberirdische Grün entfernt, die Wurzeln mit den Stickstoff fixierenden Knöllchenbakterien verbleiben im Boden, um Nachfolgefrüchte mit Nährstoffen zu versorgen – Kohl ist eine gute Folgefrucht.

Wann gießen?

Bei länger andauernder Trockenheit gießen.

Häufige Probleme und Lösungen

Das größte Problem dicker Bohnen sind die **Schwarzen Blattläuse;** sie saugen Pflanzensäfte und schwächen die Pflanzen. Die Blattläuse werden vor allem von den zarten Spitzen der Bohnen angelockt. Sobald die Pflanzen blühen, werden die Triebspitzen abgeknipst – das hält die Blattläuse fern und fördert das Wachstum der Hülsen.

Die **Braunfleckenkrankheit** (braune Flecken auf den Blättern) wird von Pilzen verursacht. Eine gute Dränage und genügend Abstand zwischen den Pflanzen für bessere Luftzirkulation vermindern die Infektionsgefahr. Bei leichtem Befall tragen die Pflanzen noch.

Wurzeln & Knollen

Kartoffeln • Möhren • Radieschen • Rote Bete • Topinambur

Kartoffeln ★★★

Kartoffeln aus eigener Ernte sind köstlich! Es ist ein wirklich befriedigendes Gefühl, die unterirdischen Knollen auszugraben, die sich ohne größeren Aufwand bilden. Ich würde sogar behaupten, dass Kartoffeln die leckerste Belohnung bei minimalem Aufwand liefern. Viele Menschen halten die Kartoffel für eine bescheidene „Sättigungsbeilage", doch das gilt nicht für eigene Kartoffeln – meine Familie kann die Ernte kaum erwarten. Es gibt zahllose Sorten mit sehr unterschiedlichem Geschmack, Bissfestigkeit und Farbe: feste, wachsweiche Salatkartoffeln, lockere für Püree und riesige Exemplare zum Backen im Ofen. Je nach Erntezeit werden mehrere Kartoffelgruppen unterschieden: „Sehr frühe" Sorten werden zwischen Ende Mai und Anfang Juni reif, „frühe" Sorten im Juli und August, die „mittelspäten" und „späten" Sorten reifen anschließend und können bis zum nächsten Frühling gelagert werden. Für Gärtner mit wenig Zeit und Platz sind die sehr frühen bis frühen Sorten ideal; sie sind sehr lecker und beanspruchen weniger Platz als die späteren. Außerdem fällt zu deren Erntezeit mehr Arbeit im Garten an und späte Sorten sind auch im Laden preiswert und gut. Es lohnt sich aber immer, Platz für eine sehr frühe und eine frühe Sorte zu reservieren.

Rechts Es gibt nichts Befriedigenderes, als die eigenen Kartoffeln aus der Erde zu buddeln.

Sorten, die einen Versuch lohnen

SEHR FRÜHE SORTEN
'Swift' ist die früheste Sorte; manchmal kann ich die ersten Knollen schon sieben Wochen nach dem Setzen ernten! Die Ernte fällt zwar ziemlich bescheiden aus, aber das Vergnügen, die ersten Kartoffeln auszugraben ist durch nichts zu ersetzen. Die Sorte ist resistent gegenüber Krankheiten.
'Winston' ist eine verlässliche Sorte mit großartigem Geschmack. Ich mag nicht nur das Aroma, sondern auch ihre Anpassungsfähigkeit: Gräbt man sie früh aus, hat man eine schmackhafte Frühkartoffel, lässt man sie im Boden stecken, wachsen sie zu großartigen Ofenkartoffeln heran.

FRÜHE SORTEN
'Kestrel' sieht toll aus: glatte Knollen mit rosapurpurnen Flecken. Sie hat ein gutes Aroma und wird, das ist möglicherweise ihr wichtigster Vorteil, nicht von Schnecken angefressen. In einem Jahr, als die Schnecken meine komplette Ernte vernichteten, wuchs diese Sorte im Garten – die Kartoffeln hatten keinerlei Schaden genommen. Damit sind sie die erste Wahl in einem Schneckenjahr.
'Charlotte' ist eine herrliche, große Salatkartoffel mit wachsartigem Biss und einem exzellenten Aroma, die den Anbau wirklich lohnt. Leider sind die Erträge geringer als bei 'Kestrel'.
'Edzell Blue' hat eine purpurne bis fast blaue Schale; es ist eine Lust, sie auszugraben.

Kartoffeln

Pflanzen oder säen?

Die etwa eiergroßen Saatkartoffeln (von bewährten Züchtern) in die Erde setzen.

Vortreiben

Die Kartoffeln gedeihen besser, wenn sie bereits vorge-trieben sind: Legen Sie die Saatkartoffeln an einen küh-len, hellen, frostfreien Ort mit dem Ende nach oben, das die meisten Augen aufweist und warten Sie ab. Wenn die Sprosse 1,5 – 2,5 cm lang sind, werden die Kartoffeln ins Beet gesetzt. Nicht getriebene Kartoffeln wachsen langsamer.

Pflanzabstände

Die sehr frühen Sorten werden in 10 cm Tiefe mit 30 cm Abstand eingesetzt; Abstand zwischen zwei Reihen: 45 cm. Die frühen und späteren Sorten brauchen 40 cm Abstand voneinander. Graben Sie mit der Handschaufel ein Loch in den Boden und legen die Kartoffel hinein, das geht schneller, als eine Furche zu graben. Die aus-getriebenen Sprosse zeigen nach oben; schichten Sie vorsichtig Erde darüber, ohne die empfindlichen Spros-se zu zerbrechen. Brechen Sie nach unten wachsende Sprosse mit der Hand ab. Um den richtigen Abstand einzuhalten, lege ich zuerst alle Kartoffeln in einer Rei-he aus und arbeite mich dann mit der Schaufel daran entlang. Sie können die Kartoffeln auch in Schlitze unter eine schwarze Folie pflanzen (siehe S. 77).

Kartoffeln pflanzen

 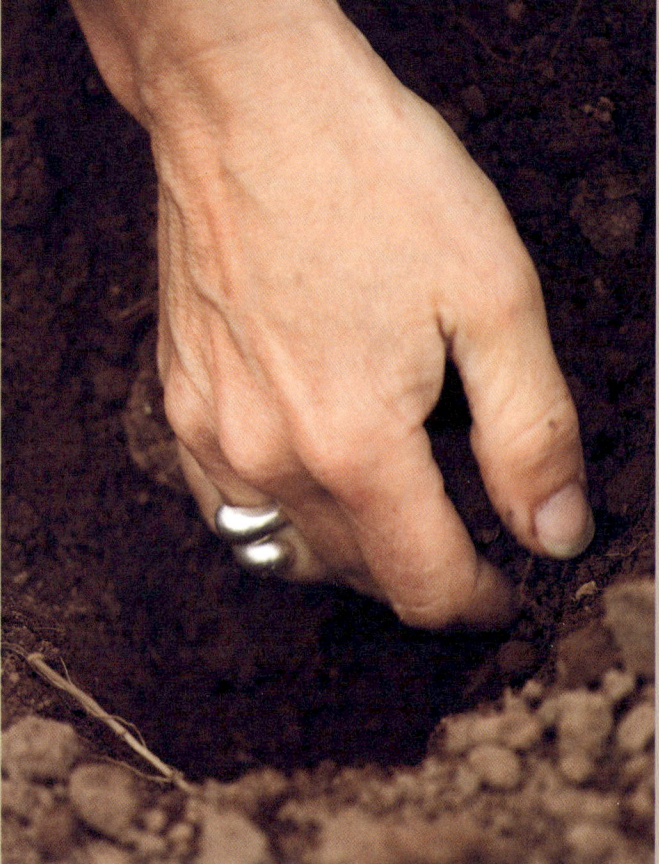

1 Legen Sie die vorgekeimten Saatkartoffeln im richtigen Abstand auf das Beet. Schieben Sie sie ein bisschen hin und her, damit alle denselben Abstand voneinander haben.

2 Manche Gärtner heben eine Furche aus, ich grabe lieber für jede Kartoffel ein eigenes, 10 cm tiefes Loch.

Wann pflanzen?

So früh wie möglich, ab Frühlingsmitte. Kündigt der Wetterbericht Spätfröste an, müssen die Kartoffeln aufgehäufelt oder die jungen Triebe mit einem Vlies vor der Kälte geschützt werden. Zu früh gesetzte Kartoffeln können im feuchten Boden verfaulen!

Wann ernten?

Die frühen Sorten sind 60–70 Tage nach dem Setzen erntereif. Alte Faustregel: sie werden nach der Blüte ausgegraben und bevor Stängel und Blätter absterben. Nach Bedarf ausgraben, vorsichtig vorgehen. Versuchen Sie alle Kartoffeln auszugraben; das ist unbedingt notwendig: Aus jeder vergessenen Kartoffel treibt im nächsten Jahr eine Pflanze aus – zwischen dem Gemüse.

Mehrfachsaat?

Es reicht, wenn Sie sehr frühe und frühe Sorten, möglicherweise auch eine späte Sorte, setzen.

Ideale Bedingungen

Kartoffeln sind recht genügsam und werden gerne als erstes Gemüse auf einer neuen Fläche gepflanzt, weil ihre Wurzeln und Knollen den Boden auflockern. Außerdem unterdrücken sie das Unkraut. Beste Ernten liefern gute Gartenböden mit hohem Kompostanteil. Sie gedeihen bestens in neuen, tiefen Mulchbeeten (siehe S. 26–27).

3 Die Kartoffel wird mit den Trieben nach oben in das Loch gesetzt und vorsichtig mit Erde bedeckt.

4 Sobald sich die Pflänzchen zeigen, wird die Erde von der Seite her aufgehäufelt, sodass nur die Blätter aus dem Boden ragen.

Pflege

Kartoffeln werden üblicherweise aufgehäufelt. Dabei zieht man mehrfach die Erde von der Seite über die Sprosse, bis nur noch die oberen Blätter herausschauen. Mit diesem Trick wird verhindert, dass die Knollen an die Oberfläche gelangen und grün werden. Das Aufhäufeln schützt auch die jungen Sprosse vor Spätfrösten. Man beginnt mit dem Aufhäufeln, sobald die Pflanzen etwa 15 cm hoch sind (früher bei drohenden Frösten) und dann nochmals, wenn sie wieder 15 cm aus der Erde ragen.

Zeit sparen

Mit einer schwarzen Plastikfolie sparen Sie aus mehreren Gründen sehr viel Zeit: Liegt die Folie bereits einige Wochen vor dem Auspflanzen auf dem Beet, wärmt sich der Boden darunter schneller auf und die Knollen reifen schneller; das Unkraut wird unterdrückt und man spart sich das Aufhäufeln. Der Nachteil ist das wenig attraktive Aussehen der Folie. Die Folie wird mit Erdnägeln an den Rändern verankert oder mit Balken und Steinen fixiert. Stecken Sie die Saatkartoffeln durch Schlitze in der Folie in die Erde.

Eine Mulchschicht aus Stroh und Grasschnitt bietet dieselben Vorteile, sieht aber attraktiver aus als die Folie. Mit dieser Methode lässt sich auch ein neues Beet vorbereiten: Breiten Sie eine großzügige Lage Kompost auf dem Beet aus, setzen Sie die Kartoffeln darauf und schichten Sie eine dicke Lage Stroh darüber. Wenn die Kartoffeln wachsen, wird alles mit Gras abgedeckt. Der Trick funktioniert sogar auf unvorbereitetem Grund, Sie müssen nur Gras und Unkraut abschneiden, Kompost aufschichten, Kartoffeln setzen und die Strohschicht aufbringen. Zur Erntezeit kratzen Sie einfach das Stroh beiseite.

Wann gießen?

Die frühen Sorten werden alle zwei Wochen gegossen, sofern nicht ausreichend Regen fällt. Wenn Sie sehr früh ernten möchten, werden die Kartoffeln nur zur Blütezeit gegossen – dann bilden sich auch die Knollen. Der Ertrag ist aber vergleichsweise gering.

Häufige Probleme und Lösungen

Es gibt einige Probleme, die eine Kartoffelernte bedrohen könnten, doch zumindest Viren können Sie durch den Kauf von Saatkartoffeln bei einem renommierten Züchter vermeiden. Auch wenn es verlockend erscheint, ein paar Saatkartoffeln aus der eigenen Ernte zurückzuhalten, wird die Ernte gewöhnlich schlechter ausfallen und die Anfälligkeit gegenüber Krankheiten steigen. Wenn Sie es unbedingt probieren möchten, heben Sie Kartoffeln für das zweite Jahr auf und kaufen für das dritte wieder neue Saatkartoffeln.

Braunfäule ist eine Pilzkrankheit, die in kühlen, feuchten Sommern auftritt. Als erstes Zeichen zeigen sich braune Flecken auf den Blättern und darunter ringförmige Pilzmuster. Die Pflanzen sterben unter fauligem Geruch ab. Entfernen Sie alle oberirdischen Teile (vernichten!) und graben Sie die Kartoffeln aus – gesunde Kartoffeln können noch verbraucht werden. Werfen Sie die Pflanzen auf keinen Fall auf den Kompost, denn damit verbreiten Sie den Pilz überall im Garten. Sollte die Braunfäule regelmäßig auftreten, empfehle ich eine resistente Sorte, beispielsweise 'Milva', 'Orla', 'Karlena', 'Spunta' oder die späte Sorte 'Sarpo Mira'.

Kartoffelschorf äußert sich als Korkflecken auf der Haut von Kartoffeln. Die Krankheit stellt kein wirkliches Problem dar, da der Kork beim Kartoffelschälen verschwindet; sie weist aber darauf hin, dass der Boden austrocknet und mit Humus angereichert werden sollte.

Kielschnegel gehören zu den Nacktschnecken; sie leben unterirdisch und fressen die Knollen, die daraufhin verfaulen. Wenn Sie Probleme mit Schnecken haben, sollten Sie es mit der wunderbaren Schnecken-resistenten Sorte 'Kestrel' versuchen.

Vielleicht sollte ich noch erwähnen, dass unsere Kartoffeln nie von Rehen, Kaninchen oder Dachsen angefressen wurden – auch nicht außerhalb des Zauns. Vermutlich meiden sie die giftigen Blätter.

Links Die Sorte 'Kestrel' ist resistent gegen Schneckenfraß und liefert je Pflanze zahlreiche, gut aussehende Kartoffeln.

Möhren ★☆☆

Frisch ausgegrabene Möhren sind knackig, saftig – einfach köstlich. Etwas Vergleichbares wie den puren Möhrengeschmack aus eigener Ernte werden Sie in keinem Laden finden. Möhren geben jedem Salat mehr Biss und schmecken ausgezeichnet als gedämpftes und vorsichtig gebratenes Gemüse; dennoch sind sie mir roh am liebsten. Obwohl Möhren etwas arbeitsintensiver sind als Kartoffeln oder Stangenbohnen, stellen sie keine hohen Ansprüche an die Kunst des Gärtners.

Links In steinigen oder schweren Böden sind kugelige Möhren eine wunderbare Alternative.

Sorten, die einen Versuch lohnen

'**Purple Haze**' liefert auffallend purpurne Möhren ordentlicher Größe, die ihre Farbe auch beim Kochen nicht verlieren. Schneidet man sie in Scheiben, zeigt sich die purpurne Farbe als Ring mit orangefarbenem Zentrum. Kinder mögen die Farbe dieser Möhren; es ist zwar wenig bekannt, aber früher waren alle Möhren purpurn.
'**Paris Market**' liefert kugelige Möhren. Wenn sie in der Größe von Murmeln geerntet werden, reichen sie gerade für einen knackigen Biss. Kinder mögen sie wegen der ungewöhnlichen Form. Dank der kurzen Wurzel eignen sie sich aber auch bestens für schwere oder steinige Böden.
'**Autumn King 2**' ist eine verlässliche Sorte mit abgerundeter Spitze. Sie ist nicht ganz so süß und zart wie andere, dafür aber lagerfähig.
'**Maestro**' ist resistent gegen die Möhrenfliege und bildet Wurzeln von guter Qualität.

Pflanzen oder säen?

Säen.

Pflanzabstände

Die Samen werden in vorbereiteten Saatbeeten oder Saatkompost in Rillen ausgestreut (siehe S. 172). Ziehen Sie 1 cm tiefe Rillen im Abstand von 20 – 25 cm; kugelige Sorten kommen mit geringerem Abstand aus. Jeweils zwischen zwei Reihen pflanze ich eine Reihe Frühlingszwiebeln (ansonsten kommen die Frühlingszwiebeln in ein eigenes Beet; siehe S. 81). Versuchen Sie, die winzigen Samen in einer geraden Linie auszusäen. Je besser Ihnen das gelingt, desto weniger Möhrenpflanzen müssen Sie später auslichten. Möhren treiben fast immer in ganzen Gruppen aus und verdrängen sich gegenseitig. Sobald sie groß genug sind zum Essen, werden einzelne Möhren geerntet, während der Rest der Gruppe weiterwachsen darf. Dünnes Aussäen spart Zeit und Samen, außerdem fallen die Möhren vielleicht den Möhrenfliegen weniger auf.

Wann säen?

Je nach Sorte zwischen zeitigem Frühjahr und Hochsommer.

Rechts Aus dem Garten frisch auf den Tisch: Eben geerntete Möhren sind knackig, aromatisch und voller Nährstoffe.

Möhren

Wann ernten?

Sobald die Möhren essbar sind. Ziehen Sie zuerst die kleinen Möhren aus und lassen Sie den übrigen Zeit zum Wachsen. Mit einer Abdeckung aus Stroh-Mulch oder Vlies können Möhren sogar in nicht zu kalten Wintern im Boden bleiben und nach Bedarf geerntet werden.

Wie viele Exemplare?

Alle drei bis vier Wochen bis zum Hoch- oder Spätsommer jeweils eine 2 – 3 m lange Reihe.

Mehrfachsaat?

Damit aus dem Beet regelmäßiger Nachschub kommt, sollte ab dem Frühling bis zum Hoch-/Spätsommer alle drei Wochen nachgesät werden (jeweils fünf bis sechs Chargen). Säen Sie als letzte Charge eine Sorte, die in milden Gegenden im Boden überwintern kann oder sich gut lagern lässt, wie die Sorte 'Autumn King 2'.

Ideale Bedingungen

In dieser Beziehung sind Möhren etwas heikel. Sie gedeihen am besten in warmen, frischen Böden, in trockenen Böden werden sie gewöhnlich süßer. Da sich lange, gerade Wurzeln nur in widerstandslosen Böden bilden, formen sich in steinigen oder schweren Böden verkürzte oder missgebildete Wurzeln. Für dieses Problem bieten sich zwei Lösungen an: Säen Sie nur Sorten mit kugeligen Wurzeln, die auch bei schweren Böden keine Probleme machen – die einfachste und zeitsparendste Methode. Die zweite Lösung kostet mehr Zeit. Wenn Sie unbedingt auf geraden, langen Möhren bestehen, müssen Sie das Beet von Steinen befreien und schwere Böden mit Sand lockerer machen. In Hochbeeten mit eingefüllter Erde umgehen Sie das Problem ohnehin.

Möhren, die in frisch gemulchte oder mit Mist versetzte Beete gesät werden, bilden gerne einfach oder doppelt gegabelte oder verformte Wurzeln aus. Als ich vor einigen Jahren meine Möhren in ein frisch vorbereitetes Mistbeet säen musste, habe ich Möhren mit sehr komischen Formen geerntet – meine Kinder fanden sie gut! Meine „Comedy-Möhren" schmeckten übrigens genauso gut wie die geraden Exemplare, machten allerdings mehr Arbeit bei der Zubereitung. Zumindest Kinder können Sie also auch mit kurios verformten Möhren beeindrucken.

Pflege

Da Möhren unter der Konkurrenz von Unkräutern leiden, sollte das Möhrenbeet regelmäßig gehackt werden. In saubere Reihen gesäte Möhren sind viel einfacher zu jäten.

Wann gießen?

Bei andauernder Trockenheit werden Möhren alle zwei Wochen gründlich gewässert. Bei Starkregen nach sehr langer Trockenheit können die Möhren aufplatzen.

Häufige Probleme und Lösungen

Die größte Bedrohung der Möhrenernte stellt die **Möhrenfliege** dar. Diese kleine Fliege wird durch den Duft wachsender Möhren angelockt. Sie legt ihre Eier in den Boden direkt über der Wurzel; die schlüpfenden Maden kriechen bis zur Wurzel und hinterlassen ein feines Netz aus Gängen im Fleisch der Möhre. Säen Sie sehr sparsam und dünnen Sie die Keimlinge nicht aus. Der Duft der zerquetschten Pflanzen lockt die Fliege an. Breiten Sie zum Schutz ein sehr feines Insektennetz über dem Beet aus oder spannen Sie das Netz als senkrechten Zaun um das Beet. Möhrenfliegen fliegen dicht am Boden und können ein 50 cm hohes Netz nicht überwinden. Das Hantieren mit Netzen ist zeitaufwendig, stört bei der Arbeit und der Ernte. Daher habe ich einige einfachere Hilfsmittel ausprobiert: Ich säe jeweils eine Reihe Knoblauch und Zwiebeln zwischen die Möhren. Offenbar hält deren Duft die Fliegen fern, denn seither ernte ich immer fantastische Möhren. Sollten Sie jedoch in einer Region mit starkem Befall leben und die Netzmethode nicht fruchten, rate ich zu einer resistenten Sorte wie 'Maestro'; der Resistenzschutz ist allerdings nicht hundertprozentig.

In sehr trockenen Sommern kann **Schießen** zum Problem werden. Entfernen Sie die geschossenen Exemplare sofort, denn sie könnten Stoffe abgeben, die auch bei anderen Möhrenpflanzen die Blütenbildung auslösen.

Links Die Nährstoffe einer Möhre bleiben am besten bewahrt, wenn sie als Ganzes gekocht wird.

Radieschen ★★☆

Radieschen sind das ultimative Gemüse. Man braucht den Standort nicht großartig zu planen, denn sie wachsen in jeder Lücke, die sich zwischen langsam reifendem Gemüse auftut, beispielsweise zwischen Kohlköpfen. Radieschen können schon als Jungpflanzen geerntet werden; besser kann man den Platz im Beet nicht nutzen. Sie wachsen problemlos und liefern ihre leckeren Wurzeln fast ohne Aufwand. Radieschen geben Sommersalaten mehr Farbe und sorgen für knackig-pfeffrigen Geschmack.

Links Die 'French Breakfast'-Radieschen sind knackig, mild und schmecken am besten, wenn sie noch klein sind.

Rechts Wegen ihrer leuchtenden Farbe und dem pfeffrigen Geschmack lohnt sich die Aussaat den ganzen Sommer über.

Sorten, die einen Versuch lohnen

'**French Breakfast 3**' bildet lange, zylindrische Wurzeln mit weißer Spitze und mildem Aroma.
'**Cherry Belle**' hat gutes, knackiges Fleisch; sie ist kugelig und rot wie eine Kirsche; frühe Sorte.
'**Candela Di Fuoco**' hat lange, spitze Wurzeln. Eine rote Schale umhüllt weißes, knackiges Fleisch; ist erstaunlich schnell erntereif.

Pflanzen oder säen?

Säen.

Pflanzabstände

In 1 cm tiefe Rillen aussäen, 15 cm Abstand zwischen den Reihen. Sie passen auch an Beeträndern und Lücken; Samen können breitwürfig verteilt werden.

Wann säen?

Vom zeitigen Frühjahr bis in den frühen Herbst.

Wann ernten?

Die ersten Radieschen sind bei guten Bedingungen schon vier Wochen nach der Aussaat reif. Sobald sie groß genug sind, werden sie in Abständen aus den Reihen gezogen – die verbliebenen Exemplare werden größer.

Wie viele Exemplare?

Eine oder zwei 1 m lange Reihen alle 2–3 Wochen sollte ausreichen. Säen Sie lieber ein paar mehr und ernten Sie früher, denn alte, große Radieschen werden holzig und markig und schmecken nicht mehr gut.

Mehrfachsaat?

Nachsaaten alle zwei bis drei Wochen stellen die kontinuierliche Versorgung sicher.

Ideale Bedingungen

Guter, nährstoffreicher, durchlässiger Boden.

Pflege

Zu dicht keimende Pflänzchen vorsichtig auslichten; besser: gleich dünner säen (mehr Raum für Wurzeln).

Wann gießen?

Überschüssiges Wasser fließt in Blatt-, nicht in Wurzelwachstum: Weniger schmackhafte Wurzeln! Bei Trockenheit nur einmal pro Woche gießen.

Häufige Probleme und Lösungen

Erdflöhe machen besonders nicht gut angewachsenen Pflanzen zu schaffen. Junge Pflanzen können eingehen. Ein Vlies hilft wirksam.

Rote Bete ★★☆

Rote Bete sind ein fantastisches Wurzelgemüse, das gekocht, gebraten oder kalt in Salaten köstlich schmeckt; auch seine jungen Blätter schmecken gut. Im Unterschied zu anderem Wurzelgemüse gedeihen Rote Bete auch auf mageren Böden und trocknen nicht so leicht aus. Die Knollen („Rüben") werden jung geerntet, sobald sie die Größe eines Tischtennisballs haben. Sie schmecken wunderbar süß und erdig. Nur die Zubereitung macht ein wenig Arbeit: Die Blätter werden abgedreht, damit die Wurzeln nicht „bluten", dann mit der Schale gekocht und anschließend geschält. Sie können auch mit gelben und weißen Sorten experimentieren.

Links Die Sorte 'Boltardy' ist die verlässlichste Rote Bete, die ich gepflanzt habe; ihr süßes Fleisch schmeckt kompromisslos gut und zart.

Sorten, die einen Versuch lohnen

'Boltardy' ist eine verlässliche Sorte mit durchgefärbten, kugeligen Knollen. Sie schießt nicht und kann früher als die anderen Sorten gesät werden.
'Burpee's Golden' ist eine tolle Rote Bete. Das Fleisch ist goldgelb und entfärbt sich kaum beim Kochen.

Pflanzen oder säen?

Containerpflanzen machen weniger Arbeit. Da die Samen in Gruppen ausgestreut werden, kann man sie aber auch säen; vorher über Nacht quellen lassen.

Pflanzabstände

Zwischen den ausgesäten Gruppen bleibt etwa 8 cm Platz. Auch in den Containern stecken mehrere Pflänzchen. Sie werden nicht getrennt, sondern bleiben alle in der Erde; die Knollen entwickeln sich gemeinsam.

Wann pflanzen?

Frühlings- bis Sommermitte. Jungpflanzen müssen vor Spätfrösten geschützt werden; bei Nachtfrösten ein Vlies über dem Beet ausgebreiten.

Wann ernten?

Die Ernte beginnt, wenn die Knollen groß genug sind.

Mehrfachsaat?

Wenn Sie von Containerpflänzchen ausgehen, ernten Sie entlang der Reihe nach Bedarf; die restlichen wachsen bis zu ihrer Ernte weiter. Im Hoch- bis Spätsommer ist die Ernte zu Ende. Wenn Sie selbst säen, sollten Sie

Oben Das charakteristische, leuchtend rote Fruchtfleisch, ist ein Augen- und Gaumenschmaus zugleich.

alle drei Wochen bis zum Hochsommer eine neue Charge aussäen – es hängt davon ab, wie gerne Sie Rote Bete mögen. Sie können auch zur Frühlingsmitte die Hälfte aus dem Container pflanzen und dann vier Wochen später eine Reihe aussäen.

Ideale Bedingungen

Rote Bete gedeihen in jedem gut durchlässigen, feuchten Boden in einem offenen, sonnigen Beet.

Pflege

Bringen Sie zwischen den Reihen alle paar Wochen eine Mulchschicht aus. Ich habe einmal eine Reihe Roter Bete gemulcht und die zweite vergessen – die Pflanzen aus der gemulchten Reihe wuchsen viel besser.

Wann gießen?

Regelmäßig gießen (alle paar Wochen sehr intensiv); der Boden darf auf keinen Fall austrocknen, sonst schießen sie.

Häufige Probleme und Lösungen

Das **Schießen** ist das häufigste Problem. Die Pflanzen schießen aber nur, wenn sie zu früh gepflanzt wurden, die Erde zu trocken oder zu kalt ist. Daher erst pflanzen, wenn der Boden ausreichend warm ist (Frühlingsmitte). 'Boltardy' ist hier die einfachste Lösung.

Topinambur ★★★

Dieses oft unterschätzte Gemüse macht noch weniger Arbeit als Kartoffeln und lohnt den Anbau wirklich. Topinambur bildet unterirdische Knollen wie Kartoffeln, wächst aber stärker; eine Pflanze kann 1,50 – 3 m hoch werden und bildet Blütenstände wie eine Sonnenblume. Sie gedeihen praktisch überall, sogar im Halbschatten, und ihre Ernte fällt in eine Zeit, in der kaum andere Arbeiten anfallen. Topinambur ist äußerst vielseitig: Die Knollen werden gekocht, gebacken, gebraten oder zu einer warmen Wintersuppe verarbeitet. Allerdings brauchen sie viel Platz (kann andere Beete beschatten). Wegen der üppigen Ernte sollten Sie den Pflanzen ausreichend Platz einräumen, wenn es Ihr Garten zulässt – Topinambur ist übrigens auch ein guter Windbrecher.

Rechts Die Knollen von 'Fuseau' sind glatter als die anderer Sorten und lassen sich daher leichter zubereiten.

Sorten, die einen Versuch lohnen

'Fuseau' bildet relativ glatte Knollen, die sich leichter zubereiten lassen als die übrigen unregelmäßigen Sorten.

Pflanzen oder säen?

Knollen setzen.

Pflanzabstände

Die Knollen werden 10–15 cm tief mit 30 cm Reihenabstand gesetzt.

Wann pflanzen?

Im zeitigen Frühjahr.

Wann ernten?

Die Ernte beginnt im Frühwinter; die Knollen werden nach Bedarf ausgegraben. Graben Sie unbedingt alle aus. Es wäre nicht nur eine Schande, das leckere Gemüse zu verpassen, sondern vergessene Knollen treiben im nächsten Jahr wieder aus, möglicherweise mitten zwischen anderem Gemüse. Wenn der Garten groß genug ist, werden sie wie Stauden behandelt und treiben Jahr für Jahr aus einigen Knollen wieder aus.

Wie viele Exemplare?

Aus jeder gesetzten Knolle bilden sich etwa 8–10 neue.

Mehrfachsaat?

Nein.

Ideale Bedingungen?

Topinambur stellt keinerlei Ansprüche an den Boden und gedeiht sogar im Halbschatten.

Pflege

Ab einer Höhe von etwa 30 cm werden die Pflanzen aufgehäufelt, damit sie stabiler stehen. Manche Gärtner kappen die Spitzentriebe, wenn die Pflanzen höher werden als 1,50 m, aber mir erscheint das unnötig. Schneiden Sie die oberirdischen Teile ab, wenn sie sich im Herbst gelb verfärben. Lassen Sie zur Orientierung etwa 30 cm hohe Stängel stehen. Der Schnitt bleibt als Frostschutz auf dem Beet liegen.

Wann gießen?

In längeren Trockenperioden.

Häufige Probleme und Lösungen

Das einzige echte Problem sind die **Schnecken**, die sogar die unterirdischen Knollen anknabbern. Halten Sie sich an die allgemeinen Tipps, um die Schneckenplage einzudämmen (siehe S. 185).

Kohl

Kopfkohl • Brokkoli • Grünkohl

Kopfkohl ★☆☆

Im Verlauf eines langen Gartenjahrs werden viele Kohlsorten erntereif. Kohl beansprucht relativ viel Platz und im Sommer, wenn viele andere Gemüse reif werden, scheinen die Beete manchmal zu bersten. Die im Spätsommer und Herbst gepflanzten Sorten liefern süßen, knackigen Frühlingskohl, wenn sonst nicht viel im Beet wächst. Ein Kohlgourmet lässt sich ohnehin nicht abschrecken und pflanzt Sorten, die ihm das ganze Jahr über eine gute Ernte liefern. Einige Kohlsorten vertragen Temperaturen bis -10°C. Ich beschränke mich auf ein paar Sommersorten, vorwiegend Rotkohl, weil ich den Platz für anderes Gemüse brauche. Später im Jahr werden außerdem Raupen nicht mehr zum Problem. Kohl ist allerdings kein einfaches Gemüse.

Rechts Winterkohl wie der Wirsing 'Tundra' bildet dicht gepackte Köpfe aus runzligen Blättern.

Sorten, die einen Versuch lohnen

FRÜHLING
'Spring Hero' bildet große, knackige, runde und standfeste Köpfe.

SOMMER
'Kilaxy' ist eine großartige Sorte, die resistent gegenüber Kohlhernie ist. Der feste, runde Kopf ist im Spätsommer erntereif, kann aber bis in den Herbst stehen bleiben.
'Hispi' ist ein rasch wachsender, vielseitiger Spitzkohl.
'Red Juwel' ist ein schnellwüchsiger, standfester Rotkohl; er wird früh erntereif und liefert süße, dichte Herzen.

WINTER
'Tundra' ist ein extrem winterharter Wirsing, der auch in kalten Regionen wächst. Der Wirsingkopf bleibt auch im Winter standfest. Der einzige Nachteil ist der Platzbedarf. Jeder Kopf beansprucht eine Fläche von 45 × 45 cm – und das sieben bis acht Monate lang. Der Platz ließe sich in einem kleinen Garten besser nutzen.

Pflanzen oder säen?
Pflanzen. Da man mit wenigen Exemplaren auskommt, sind vorgezogene Pflanzen die bessere Wahl.

Pflanzabstände
Der Pflanzabstand bestimmt darüber, wie groß die Köpfe werden. Wer gerne viele, aber kleinere Köpfe ernten möchte, setzt die Pflänzchen dichter zusammen. Frühlings- und Sommersorten brauchen 30 cm Abstand, die Wintersorten 40–45 cm. Kohl ist ein Flachwurzler und braucht festen Boden. Die Pflanzen werden etwas tiefer gesetzt als im Container und die Erde muss gut verdichtet werden. Treten Sie die Erde mit der Fußspitze fest; das sieht bei den kleinen Pflänzchen brutal aus, zahlt sich aber aus.

Wann pflanzen?
Frühlingssorten im Spätsommer.
Sommersorten vom zeitigen bis Mitte Frühjahr.
Wintersorten im Spätfrühling.

Kopfkohl

Wann ernten?

Frühlingssorten sind ab folgendem Frühling erntereif und dürfen schon geerntet werden, bevor sich die Herzen bilden. Sommerkohl wächst sehr schnell und kann ab dem Hochsommer geerntet werden; die Sorten sind nicht winterhart und müssen vorher aus dem Beet. Wintersorten wachsen langsamer und reifen erst ab Spätherbst bis Winter; können im Winter im Beet bleiben.

Wie viele Exemplare?

10–12 Exemplare für jede Jahreszeit sollten ausreichen; die Menge richtet sich nach dem Bedarf.

Mehrfachsaat?

Wird erreicht durch Sorten mit verschiedener Erntereife.

Ideale Bedingungen

Kohl gedeiht am besten in nährstoffreichen Böden mit hohem Kompostanteil. Er bevorzugt leicht basische Böden, daher sollten saure Böden mit etwas Kalk verbessert werden.

Pflege

Schutz vor Schädlingen und regelmäßiges Jäten. Ich mulche um die Frühlingssorten früh im Jahr, wenn ich den ganzen Garten mit Mulch abdecke. Im Laufe des Jahrs können Sie die Mulchschicht durch Zeitungspapier oder Grasschnitt auffrischen.

Kohl pflanzen

1 Setzen Sie die Jungpflanzen etwas tiefer ein als im Container; gut festdrücken.

2 Sichern Sie die Stängelbasis mit einer Pappscheibe oder einem Kragen aus dem Gartencenter gegen Blumenfliegen.

Wann gießen?

Jungpflanzen werden regelmäßig gegossen, bis sie gut angewachsen sind; das gilt auch für Trockenperioden. Frühlingssorten, die in der kühlen und feuchteren Jahreszeit wachsen, brauchen wenig Wasser. Sommersorten bekommen dagegen nur ein dichtes Herz und viele Blätter, wenn sie regelmäßig gegossen werden.

Häufige Probleme und Lösungen

Raupen und Vögel sind für alle Kohlsorten das größte Problem. Dagegen schützen ein Netz oder ein enges Drahtgitter (siehe S. 186–187).

Kohlhernie ist eine Pilzkrankheit, die zu verkümmertem Wurzelwachstum führt und die Entwicklung der Köpfe hemmt – sie welken und werden braun. Wenn Sie Kohl-hernie befürchten, sollten Sie einen Kopf ausgraben und sich die Wurzeln ansehen. Sollten sich tatsächlich Symptome zeigen, müssen alle Köpfe ausgegraben und vernichtet werden. Die Pilze können 20 Jahre lang im Boden überleben; ein Beet mit Kohlhernie-Pilzen ist daher für Kohl praktisch verdorben. Kalken des Bodens kann helfen, dazu die Wahl einer resistenten Sorte, wie 'Kilaxy'.

Blumenfliegen legen ihre Eier direkt über dem Bodenniveau in den Stängel. Die schlüpfenden Larven machen sich über die Wurzeln her. Dagegen hilft eine eng sitzende Pappscheibe oder ein spezieller Kragen (Gartencenter), der die Fliege daran hindert, ihre Eier abzulegen.

3 Decken Sie die Beete mit einem engen Maschendrahtkorb ab, damit Schmetterlinge keine Eier aus den Blättern ablegen und die Raupen die Blätter fressen.

4 Nutzen Sie die Zwischenräume für schnell wachsendes Gemüse. Hier ist es Rote Bete, die sehr früh geerntet wird. Auch Radieschen oder Frühlingszwiebeln sind gut dafür geeignet.

Brokkoli ★☆☆

Neben den bekannten grünen gibt es auch einige blaue Brokkolisorten. Neben Sorten, die nur einen einzigen Kopf bilden, kommen auch Formen mit essbaren Stängeln vor (Sprossenbrokkoli). Sprossenbrokkoli bleibt den Winter über im Beet; es gibt aber auch schnell wachsende Sorten, wie 'Bordeaux', die schon 10–15 Wochen nach dem Pflanzen erntereif sind. Nach der Ernte des Kopfs (Blütenstand) im Sommer bildet Brokkoli Seitentriebe mit kleineren Köpfen. Sprossenbrokkoli und die Kopf-Sorten werden gleichzeitig gesät, der Sprossenbrokkoli beansprucht die Beetfläche aber für längere Zeit. Es ist eine recht große Pflanze, die gestützt werden muss. Die Köpfe (auch beim Sprossenbrokkoli) müssen geerntet werden, bevor sie sich öffnen. Obwohl der Geschmack des Brokkolis wirklich unvergleichlich ist, habe ich mich nach Jahren des Experimentierens dafür entschieden, lieber Grünkohl anzupflanzen.

Links Der purpurrote Sprossenbrokkoli sieht auf dem Feld genauso gut aus wie auf dem Esstisch.

Sorten, die einen Versuch lohnen

'Trixie' ist ein kompakter Brokkoli mit Resistenz gegenüber Kohlhernie.
'Iron Man' ist ein unverwüstliche Sorte, die ab dem Hochsommer erntereif ist. Sie ist resistent gegen Kronenfäule, Fusarium-Wurzelfäule und Mehltau und ist sehr standfest.
'Claret' ist ein Sprossenbrokkoli mit attraktiver, dunkelroter Farbe.
Auch **'Bordeaux'** ist ein Sprossenbrokkoli, der vom Spätsommer bis in den Herbst essbare Stängel liefert.

Pflanzen oder säen?

Pflanzen.

Pflanzabstände

Etwa 30 cm zwischen den Pflanzen; saurer Boden muss vor der Pflanzung aufgekalkt werden. Ein Kragen schützt vor Blumenfliegen.

Wann pflanzen?

Mitte bis Ende Frühling.

Wann ernten?

Die Brokkoliblüten werden vom Hoch- bis in den Spätsommer, die Stängel in den Wintermonaten geerntet.

Wie viele Exemplare?

10–12 Exemplare reichen aus.

Mehrfachsaat?

Nein.

Ideale Bedingungen

Sehr nährstoffreicher Boden mit reichlich Kompost – Hülsenfrüchte mit Stickstoff-fixierenden Wurzelknöllchen sind eine perfekte Vorkultur.

Pflege

Sprossenbrokkoli kann bis 1 m hoch werden; da die Pflanzen flach wurzeln, sollten sie im Winter gestützt werden. Vor Krankheiten und Schädlingen schützen.

Wann gießen?

Bis die eingesetzten Pflänzchen angewachsen sind, müssen sie regelmäßig gegossen werden. Sprossenbrokkoli darf nicht zuviel Wasser bekommen, sonst werden die Stängel zu wässrig und verfaulen im Winter. Brokkoli braucht dagegen den ganzen Sommer über feuchten Boden.

Häufige Probleme und Lösungen

Siehe Kohl S. 91.

Grünkohl ★★☆

Grünkohl ist sehr winterhart und die pflegeleichteste, am wenigsten anfällige Kohlsorte. Er liefert reichlich dunkle, gekräuselte Blätter, die ein Gemüsebeet in der vegetationsarmen Zeit aufhellen. Die Sorten sind vielseitig; einige können nach Bedarf als Blattsalate geschnitten werden. Die locker wachsenden Pflanzen sehen dekorativ aus – besonders mit Raureif auf den Blättern. Nachdem ich einiges ausprobiert habe, ziehe ich nur noch Grünkohl und Frühlingskohlsorten, die den Platz am besten nutzen. Für mich ist Grünkohl die beste Winterform von Kohl, denn er liefert monatelang Blätter mit einem Minimum an Aufwand und schmeckt besser.

Rechts Entweder wollen oder können die Schmetterlinge ihre Eier nicht auf die stark gefalteten Blätter des 'Redbor' Grünkohls legen; diese Sorte braucht nicht abgedeckt zu werden.

Sorten, die einen Versuch lohnen

'Black Tuscany' oder **'Cavolo Nero'** hat schmale dunkle Blätter. Sie sehen gut aus, schmecken großartig und die jungen Blättchen eignen sich als Salate. Die Sorte wächst aufrecht und braucht weniger Platz als andere. **'Redbor'** ist ebenfalls farbenprächtig, er hat dekorative, gewellte Blätter und ein kräftiges Aroma. Die Sorte ist sehr winterhart und generell widerstandsfähig.

Pflanzen oder säen?

Beides ist möglich und beides ist mir gelungen. Der ins Beet gestreute Samen hat verlässlich gekeimt und die Pflanzen wuchsen gut. Ich säe 'Black Tuscany' sehr dünn aus; statt die Pflänzchen auszulichten, lasse ich sie wachsen und ernte die kleinen Exemplare für Salate oder Wok-Gerichte.

Pflanzabstände

Pflanzen für die Winterernte brauchen je nach Sorte 30–60 cm Abstand.

Wann pflanzen?

Die Samen kommen im Frühling, die Pflänzchen im Sommer ins Beet.

Wann ernten?

Einzelne Blättchen für Salate oder Wok-Gerichte können jederzeit geerntet werden, doch die eigentliche Erntezeit beginnt im Spätherbst und zieht sich bis in den Winter. Ernten Sie von jeder Pflanze immer nur ein paar Blätter. Auch die scheinbar abgeernteten Exemplare bilden im nächsten Frühling neue, zarte Blätter, ehe die Pflanze zu blühen beginnt.

Wie viele Exemplare?

10–15 Pflanzen liefern eine gute Ernte.

Mehrfachsaat?

Nein.

Ideale Bedingungen

Im Unterschied zu anderen Kohlsorten wächst Grünkohl auch auf nährstoffärmeren Böden; Kompostbeimischungen steigern aber den Ertrag.

Pflege

Bis auf Unkrautjäten oder Mulchen fällt keine Arbeit an; Unbedingt vor Schädlingen schützen!

Wann gießen?

Sobald die Pflanzen angewachsen sind, werden sie nur noch bei andauernder Trockenheit gegossen. Zu viel Wasser wird in die Gewebe eingelagert und verschlechtert die Überlebenschancen im Winter.

Häufige Probleme und Lösungen

Um die **Raupen des Kohlweißlings** und die **Erdflöhe** von den Blättern fernzuhalten, wird das Beet mit einem Vlies oder sehr feinem Insektennetz abgedeckt, das auch die **Tauben** fernhält. Im Sommer ist ein feines Netz besser, da sich unter dem Vlies Wärme und Feuchtigkeit staut.

Stängel
& Knollen

Spargel • Rhabarber • Knollensellerie

Spargel ★★☆

Die schlanken, grünen Spargel sind bei Gourmets heiß begehrt und ein Fest für jeden Gärtner. Spargel sind mehrjährige Pflanzen, die eine feste Beetfläche beanspruchen – für eine einzige Frühlingsernte! Im ersten Jahr dürfen Sie keinen einzigen und im zweiten Jahre je nach Sorte allenfalls ein paar Sprosse ernten. Spargel beansprucht Platz, verlangt Geduld und gute Wachstumsbedingungen. Das Beet muss nicht nur guten, nährstoffreichen Boden enthalten, sondern auch unkrautfrei sein. Wenn alles stimmt, liefert Spargel aber 10 – 20 Jahre lang seine Stangen, vorausgesetzt der Boden wird gejätet und im Frühling mit Mulch abgedeckt. In den ersten Jahren ist die Arbeitsbelastung ziemlich hoch, später zahlen die Pflanzen den Einsatz zurück. Obwohl ich Spargel liebe, habe ich einige Jahre gewartet, ehe ich ein Spargelbeet anlegte. Es gab immer andere Dinge zu tun, die mir wichtiger schienen. Jetzt wünschte ich, ich hätte früher damit angefangen.

Sorten, die einen Versuch lohnen

'Pacific 2000' schmeckt süß und liefert eine reiche Ernte. Die grüne Sorte reift in der Mitte der Saison; eine verlässliche Wahl.

'Stewarts Purple' ist eine neue Sorte, die süßer schmeckt als die grünen Sorten. Die purpurne Farbe sieht sehr attraktiv aus; sie bleibt erhalten, wenn die Spargel vorsichtig gekocht werden.

Pflanzen oder säen?

Man kauft die einjährigen Wurzelstöcke.

Pflanzabstände

Für Spargel lohnt sich ein eigenes Beet. Zwischen den Wurzelstöcken sollte etwa 30 cm Abstand sein; legen Sie eine Doppelreihe mit versetzten Pflanzen an. Zwischen den Doppelreihen bleibt 45 cm Abstand. Die Wurzelstöcke müssen vor dem Auspflanzen eine Stunde in Wasser liegen.

Wann pflanzen?

Zeitiges Frühjahr.

Wann ernten?

Im ersten Jahr nach dem Auspflanzen sollte schon eine kleine Ernte möglich sein. Schneiden Sie die Stangen 2 cm unter dem Bodenniveau mit einem Messer ab,

Oben Für die Zubereitung von Spargel ist kein Dampfkocher nötig. Ich beträufele sie mit Olivenöl und gare sie 15 – 20 Minuten bei niedriger Temperatur im Backofen.

wenn sie 15 cm hoch sind. In den Folgejahren können die Stangen alle sechs Wochen geerntet werden, dann bleiben sie stehen und wachsen zu hohen Pflanzen mit fedrigen Blättern aus.

Wie viele Exemplare?

Mit 12 Wurzelstöcken können Sie eine Familie versorgen. Aus jedem Wurzelstock wachsen während einer Ernte 10 – 12 Stangen aus. Dafür brauchen Sie eine 4 m lange Reihe oder ein 1 × 2 m großes Beet.

Mehrfachsaat?

Mit zwei Sorten – einer frühen und einer mittleren – verlängert sich die Ernteperiode.

Ideale Bedingungen

Spargel braucht sehr gut durchlässigen Boden; in einem Garten mit schwerem Boden haben die Wurzelstöcke keine Chance. In solchen Fällen ist die einzige Möglichkeit ein Hochbeet mit eigener Erde. Mischen Sie reichlich Kompost bei. Die Stangen können bei Spätfrösten erfrieren.

Spargel

Pflege

Im Frühling wird der Boden gemulcht; es kann nicht schaden, die auswachsenden grünen Pflanzen mit Stäben vor Windbruch zu schützen; außerdem sehen sie dann ordentlicher aus. Wenn das Laub im Herbst zu welken beginnt, wird es bis zum Boden zurückgeschnitten und auf dem Komposthaufen entsorgt.

Wann gießen?

Im ersten Jahr müssen die Wurzelstöcke bei trockenem Wetter feucht gehalten werden.

Häufige Probleme und Lösungen

Schnecken machen sich gerne über die Spargelspitzen her; mulchen Sie das Beet mit spitzen Schottersteinchen.

Schwache, dünne Stangen könnten verschiedene Ursachen haben: zu üppige, zu frühe oder zu lange Ernte, oder ein Nährstoffmangel im Boden.

Das **Spargelhähnchen** ist ein schwarz-gelb gestreifter Käfer, die Larve ist grau. Beide (und die schwarzen Eierklumpen) lassen sich per hand absammeln. Vernichten Sie befallene Pflanzenteile.

Spargel pflanzen

1 Heben Sie einen 20 cm tiefen Graben aus, der breit genug ist für die Wurzelstöcke. Füllen Sie den Boden mit Kompost und schichten Sie neben dem Graben einen Erdwall auf. Hier werden die Wurzelstöcke so aufgesetzt, dass die Knospen gerade auf Bodenniveau liegen.

2 Setzen Sie die Wurzelstöcke im Abstand von 30 cm auf den Wall und breiten Sie die Wurzeln in Richtung Graben aus.

3 Wenn alle Wurzelstöcke gesetzt sind, wird der Graben mit Erde gefüllt und die gesamte Fläche mit Kompost gemulcht.

Rhabarber ★★★

Auf den ersten Rhabarber freue ich mich jedes Jahr. Es ist immer ein Ereignis, wenn das erste Exemplar eines Gemüses oder Obstes (Kartoffeln oder Stachelbeeren) geerntet wird, aber eben nicht dasselbe: Das mag daran liegen, dass ich Streuselkuchen mit Rhabarber liebe, aber auch daran, dass die Ernte bereits sehr früh möglich ist und der geringe Aufwand: Für eine Mulchschicht pro Jahr bedankt sich die Pflanze Jahr für Jahr mit einer üppigen Fülle glänzender, zarter rosaroter Blattstiele. Wer mag, sollte ihn anpflanzen; absolut pflegeleicht

Sorten, die einen Versuch lohnen

'Timperley Early', eine ausgesprochen frühe Sorte. Sie eignet sich gut für die Treiberei und liefert bis zum Ende der Vegetationsperiode zarte Blattstiele.
'Red Champagne', eine Sorte für die Mitte der Vegetationsperiode; reiche Ernte leuchtend roter Blattstiele.

Pflanzen oder säen?

Nackte Wurzelstöcke oder Containerpflanzen.

Pflanzabstände

Jede Pflanze braucht etwa 1 m² Standfläche; mischen Sie Kompost in den Boden.

Wann pflanzen?

Die Wurzelstöcke werden während ihrer Ruhephase im Herbst oder Spätwinter eingepflanzt; Containerpflanzen können auch später eingesetzt werden.

Wann ernten?

Die Blattstiele neu gepflanzter Exemplare dürfen noch nicht geerntet werden; im ersten Jahr braucht der Rhabarber Zeit, um gründlich anzuwachsen. Im zweiten Jahr kann die Pflanze getrieben werden und liefert dann vom Spätwinter bis ins zeitige Frühjahr; die Ernte geht weiter bis zum Hoch- und Spätsommer. Allerdings darf nur etwa die Hälfte aller Blätter entfernt werden, sonst regeneriert die Pflanze nicht. Etwa ab dem Hochsommer sollte der Rhabarber in Ruhe gelassen werden. Dann gibt es genügend andere Produkte im Garten – außerdem werden die Blattstiele zäher und schmecken nicht mehr so gut.

Wie viele Exemplare?

Viele Familien kommen mit 2 – 3 Pflanzen aus.

Mehrfachsaat?

Nein. Für eine Staffelung pflanzen Sie besser Sorten mit unterschiedlicher Reifezeit.

Ideale Bedingungen

Auf genügend Kompost im Boden achten.

Pflege

Wenn Sie die Beete mulchen, bekommt der Rhabarber eine Extralage mit gut verrottetem Mist. Er fördert das Wachstum enorm; ansonsten nehmen Sie Kompost.

Die Ernte fällt üppiger aus, wenn der Rhabarber getrieben wird: Stülpen Sie gegen Ende des Winters einen Mülleimer, eine schwarze Wanne oder eine Terrakottaglocke für die Treiberei über die Pflanze. Stopfen Sie das Treibgefäß mit Stroh aus. Unter der dunklen Glocke werden die Blattstiele hell, zart und delikat und können Wochen früher geerntet werden als üblich. Nach der Treiberei brauchen die Pflanzen normales Licht, um sich zu regenerieren. Nicht zwei Jahre hintereinander treiben.

Blütenstängel (er sieht ganz anders aus als die Blattstiele), werden dicht über dem Boden abgeschnitten. Ein einmal angewachsenes Exemplar kann etwas Unkraut vertragen; jäten Sie, wenn Sie Zeit dafür haben.

Wann gießen?

Angewachsene Pflanzen nur während langer Trockenperioden gießen.

Häufige Probleme und Lösungen

Rhabarber macht keine Probleme; irgendwann werden die Pflanzen aber zu alt und müssen durch neue (anderer Standort) ersetzt werden.

Rechts Eine regelmäßig mit Mist versorgte Rhabarberpflanze liefert zehn Jahre lang köstliche Blattstiele.

Knollensellerie ★★☆

Beim Knollensellerie sind die Fronten klar: Entweder man mag das Aroma von Sellerie und Fenchel oder nicht. Die unansehnliche Knolle hat einen Platz in meinem Herzen und in meinem Garten erobert. Sie lässt sich problemlos ziehen und wird in einer Zeit geerntet, wenn sonst wenig anfällt. Sellerie passt gut in Salate, lässt sich zu Püree, zu nahrhaften Wintersuppen oder Eintöpfen verarbeiten und schmeckt sogar gebraten. Der einzige Nachteil ist seine lange Entwicklungszeit. Er beansprucht Beetplatz von Frühlingsende (dann wird er aus dem Container gepflanzt) bis zum Herbst und Winter – ich finde aber, sein Geschmack rechtfertigt den Aufwand.

Links Knollensellerie ist zwar keine Schönheit, dafür aber äußerst pflegeleicht; er braucht nur etwas Platz.

Rechts Bis auf Regionen mit harten Wintern kann der Sellerie in der Erde bleiben, bis er gebraucht wird. Er ist ideal, um die gemüsearme Winterzeit zu überbrücken.

Sorten, die einen Versuch lohnen

'Brilliant' bildet glättere Knollen als die meisten anderen Sorten, sein Fleisch wird nicht markig und behält die Farbe.

Pflanzen oder säen?

Pflanzen; die Samen keimen nicht verlässlich.

Pflanzabstände

Etwa 30 cm.

Wann pflanzen?

Mitte bis Ende Frühling.

Wann ernten?

Die Ernte lohnt sich erst ab der Herbstmitte, denn vorher hat der Gemüsegarten genügend andere Produkte zu bieten. In milden Regionen kann die Knolle den ganzen Winter über in der Erde verbleiben; eine dicke Lage Stroh schützt sie. Sie kann aber auch ausgegraben und an einem kühlen Ort gelagert werden. Die Knollen sind monatelang haltbar.

Wie viele Exemplare?

Den meisten Familien kommen mit 12 Exemplaren durch den Winter; eine Knolle pro Woche. Sie brauchen im Garten etwas mehr als 1 m² Platz. Für Selleriefans ist die Grenze nach oben selbstverständlich offen.

Mehrfachsaat?

Nein.

Ideale Bedingungen

In gutem, nährstoffreichem Boden bilden sich gute Knollen.

Pflege

Ausreichende Bodenfeuchte und eine dichte Auflage aus Kompost oder Stroh, um die Unkräuter zu unterdrücken, reicht aus. Wenn die unteren Blätter entfernt werden, wachsen die Knollen stärker. Das Ergebnis war auch dann bestens, wenn ich nicht die Zeit dafür fand.

Wann gießen?

Während einer Trockenperiode alle 14 Tage reichlich gießen.

Häufige Probleme und Lösungen

Probleme sind bei dieser großzügigen und alles verzeihenden Pflanze extrem selten zu erwarten.

Fruchtgemüse

Tomaten • Paprika & Chili • Auberginen • Zucchini •

Kürbis • Artischocken • Gurken • Zuckermais

Tomaten ★☆☆

Der aromatische Duft der Tomaten im Gemüsegarten ist für mich untrennbar mit dem Sommer verbunden – ich brauche nur mit der Hand über die Blätter zu streichen. Da ein Gewächshaus in einem pflegeleichten Gemüsegarten sicher fehl am Platz wäre, müssen Gärtner in kalten Regionen auf die Tomaten verzichten; ein Anbau im Freiland ist dort nicht möglich. Nur wo sich die Sonne im Sommer regelmäßig zeigt, lohnt ein Versuch. Es gibt mehrere Sorten, die auch in unseren Breiten gedeihen. Freilandtomaten werden entweder an Stützen (Stabtomaten) festgebunden oder wachsen buschig (Strauchtomaten). Während die Stabtomaten befestigt, die Seitentriebe abgeknipst und die Pflanzen generell mehr umsorgt werden müssen, kommen Strauchtomaten ohne größeren Arbeitsaufwand zur Reife. Aus diesem Grund halte ich mich an die Strauchtomaten. Ihre Früchte sind kleiner und wachsen an kleineren Pflanzen, dafür verlangen sie deutlich weniger Zeitaufwand. Bei Tomaten gibt es eine einfache Faustregel: Je größer die Frucht, desto mehr Sonne brauchen sie bis zur Reife.

Rechts Die Sorte 'Tumbler' liefert eine üppige Ernte süßer, bissgerechter Kirschtomaten, die besonders bei Kindern beliebt sind.

Sorten, die einen Versuch lohnen

'Tumbler' ist eine Hängetomate, die zahlreiche saftige Kirschtomaten bildet. Sie werden am besten an den Seiten von Hochbeeten gepflanzt, damit die Triebe über die Seiten klettern können. Außerdem wachsen sie bestens in Töpfen oder Hängekörben; dort brauchen sie allerdings mehr Pflege.

'Tumbling Tom Yellow' und **'Tumbling Tom Red'** sind sehr kompakt wachsende Sorten, die kleine gelbe bzw. rote Kirschtomaten bilden. Die gelbe Sorte ist etwas süßer als die rote.

Pflanzen oder säen?

Pflanzen.

Pflanzabstände

45 cm zwischen den Pflanzen.

Wann pflanzen?

Nach den letzten Spätfrösten.

Wann ernten?

Sobald die Früchte reif sind.

Wie viele Exemplare?

3–4 Pflanzen.

Mehrfachsaat?

Nein.

Ideale Bedingungen

Tomaten brauchen einen warmen, sonnigen, geschützten Platz in gutem Boden mit hohem Kompostanteil.

Pflege

Strauchtomaten brauchen nicht viel: Sie bekommen ab der Blüte einmal pro Woche einen Flüssigdünger mit hohem Kaliumanteil (Pottasche). Bei sehr gutem Boden dürfen Sie das Düngen ruhig einmal vergessen.

Wann gießen?

Die Jungpflanzen werden regelmäßig gegossen, bis sie angewachsen sind; die blühenden und fruchtenden Pflanzen werden zwei- bis dreimal wöchentlich gegossen. Reichlich gegossene Früchte werden zwar tatsächlich größer und saftiger, dafür schmecken sie nach meiner Erfahrung nicht so köstlich süß wie kleinere Früchte.

Häufige Probleme und Lösungen

Zum Glück haben Freilandtomaten weniger mit Problemen zu kämpfen als Tomaten unter Glas.
Das größte Problem ist sicher die **Braunfäule.** Sie wird von demselben Pilz wie bei den Kartoffeln verursacht und tritt vor allem in kühlen, feuchten Sommern auf. Auf den Blättern zeigen sich braune Flecken, dann bleichen die Früchte stellenweise aus. Ist eine Pflanze stärker befallen, bleibt nichts übrig, als sie komplett zu entfernen und zu vernichten. Einige Sorten zeigen eine gewisse Resistenz gegenüber Braunfäule. Ich würde 'Fantasio' empfehlen, wenn das Problem immer wieder auftritt.
Die **Blütenendfäule** zeigt sich als dunkler Fleck an der Basis der Früchte; sie wird durch unregelmäßiges Gießen und Kalziummangel verursacht, kommt aber zum Glück bei Freilandtomaten selten vor.

Oben links Junge Tomatenpflänzchen kommen genauso tief in die Erde wie im Container. Bei kühler Witterung werden sie mit einem Vlies abgedeckt.

Oben rechts Kriechende Sorten, wie 'Tumbler' oder 'Tumbling Tom' werden an den Rand gepflanzt und wachsen über die Beetgrenzen hinaus.

Rechts Tomaten enthalten sehr viel Vitamin C, Antioxidantien und natürlich viel Aroma.

In kühlen Sommern reifen die Früchte nicht verlässlich aus und bleiben grün. Sie können die Reifung unterstützen, indem Sie die Blätter teilweise entfernen, damit die Tomaten mehr Sonnenlicht bekommen. Wenn das nicht hilft, reifen die grünen Tomaten zusammen mit einer Banane in einer Papiertüte an einem kühlen Ort nach. Oder wie wäre es mit einem grünen Tomaten-Chutney? Zwischengepflanzte Ringelblumen halten Insekten fern.

Paprika & Chilis ★☆☆

In einer kalten Gegend wohnen und reichlich Paprika ernten? Keine Chance! Für eine richtig gute Ernte im Freiland müsste eigentlich Mittelmeerklima herrschen. Selbst wenn Sie sich alle Mühe geben und Folientunnel aufbauen, ist die Ernte gewöhnlich schlecht. Chilis vertragen dagegen stärkere Temperaturschwankungen, obwohl auch sie nur an einem warmen Standort gedeihen. Ein oder zwei Exemplare liefern genügend Chilischoten für das ganze Jahr. Reife Früchte werden getrocknet und an einem kühlen, trockenen Platz gelagert.

Sorten, die einen Versuch lohnen

'Apache' ist eine kompakte, mittelscharfe Chili-Sorte mit kompakten, abgerundeten Enden. Kann in Töpfen wachsen.
'Bell Boy' ist eine beliebte Sorte, die rote Paprikafrüchte bildet.
'Big Banana' ist eine ungewöhnliche Paprikasorte mit langen, zugespitzten Früchten.

Pflanzen oder säen?

Pflanzen.

Pflanzabstände

45 cm Abstand zwischen den Pflanzen.

Wann pflanzen?

Im Frühsommer, wenn das Wetter wärmer wird.

Wann ernten?

Die Chilischoten werden entweder grün geerntet oder bleiben bis zur endgültigen Ausfärbung auf der Pflanze (orange, rot oder schwarz). Verbleiben die Schoten auf der Pflanze, fällt die Ernte kleiner aus, da keine Früchte nachgebildet werden. Tragen Sie bei der Ernte Handschuhe, schneiden Sie die Schoten ab und vermeiden Sie Hautkontakt mit dem Pflanzensaft.

Links Mit Chilis lassen sich viele Gerichte würzen. Sie schmecken weniger scharf, wenn die Samen entfernt werden. Berühren Sie niemals Gesicht und Augen mit dem Chilisaft!

Wie viele Exemplare?

1–2 Pflanzen für Chilis, 5–6 für Paprika.

Mehrfachsaat?

Nein.

Ideale Bedingungen

Guter, nährstoffreicher Boden und ein warmer, geschützter, sonniger Platz.

Pflege

Sobald die Pflanzen blühen, werden sie alle paar Wochen mit Tomatendünger gedüngt. Wenn Sie unbedingt Paprika in kühlem Klima ernten wollen, versuchen Sie es mit einem Plastiktunnel über dem Beet. Am Ende der Vegetationsperiode werden alle Chilischoten abgeschnitten und zum Trocknen ausgelegt. Sie können Chilis im Topf auch an einen frostfreien Ort umstellen und die Schoten auf der Pflanze reifen lassen. Die getrockneten Chilis werden in einem luftdichten Behälter gelagert.

Wann gießen?

Eher sparsam; vor allem bei kühlem Wetter.

Häufige Probleme und Lösungen

In kühlen Sommern werden die Früchte nicht reif.
Blattläuse sind ein häufiges Problem; sie schwächen die jungen Pflanzen. Streifen Sie die Tiere mit der Hand ab; gut angewachsene Pflanzen sollten einen kleineren Befall aushalten (siehe auch Begleitpflanzen S. 188).

Auberginen ★☆☆

Im gemäßigten Klima sind Auberginen im Freiland noch empfindlicher als Paprika. Es sind nun einmal tropische Pflanzen, die nur bei andauernder Hitze gedeihen – dann aber wirklich beeindruckend. Solange Ihr Garten jedoch nicht in einer ausnehmend warmen Region liegt, erfüllt die Ernte nicht annähernd die in sie gesetzten Erwartungen. Ich konnte nicht widerstehen und habe es versucht: Die Pflanzen bildeten Früchte und die Auberginen schmeckten gut, doch für die geleistete Arbeit und den Platz gibt es andere, bessere Alternativen.

Links Die Blüte der Auberginen gehört zu den Schönheiten im Gemüsebeet.

Sorten, die einen Versuch lohnen
'Moneymaker' ist die häufigste Sorte; sie bildet lange, schwarz-purpurne Früchte.
'Ova' hat interessante weiße Früchte.

Pflanzen oder säen?
Pflanzen. In kühleren Regionen haben Sie nur mit bereits angewachsenen Exemplaren eine realistische Chance.

Pflanzabstände
60 cm zwischen den Pflanzen.

Wann pflanzen?
Sommer.

Wann ernten?
Sobald die Früchte kräftig durchgefärbt sind.

Wie viele Exemplare?
Jede Pflanze trägt wahrscheinlich drei Früchte, also nicht besonders viel; planen Sie entsprechend.

Mehrfachsaat?
Nein.

Ideale Bedingungen
Nährstoffreicher, feuchter Boden.

Pflege
Geben Sie den Pflanzen einmal wöchentlich Dünger mit hohem Kaliumanteil. Knipsen Sie bei 30 cm hohen Pflanzen die Spitzen ab, damit sie buschiger wachsen.

Wann gießen?
Auberginen müssen während der gesamten Vegetationszeit reichlich gegossen werden.

Häufige Probleme und Lösungen
Wie Tomaten (siehe S. 106).

Rechts Auberginen sind mit den Tomaten verwandt, verlangen in klimatisch ungeeignetem Klima aber viel mehr Pflegeaufwand.

Zucchini ★★★

Solange sie nur genügend Wasser und reichlich Kompost bekommen, machen Zucchini keinerlei Probleme. Zucchini aus der eigenen Ernte stehen in einem ständigen Strom zu Verfügung. Wir pflücken sie ab, solange sie noch klein, süß und köstlich sind – kein Vergleich mit den markigen, geschmacklosen Riesen aus dem Supermarkt. Zucchini bilden die Grundlage vieler Gerichte, schmecken aber auch als dünne Scheiben in Salaten oder kurz in der Pfanne in Butter gerührt. Sogar die prächtigen, gelben, trompetenförmigen Blüten sind essbar (siehe S. 185). Eine wirklich großartige Pflanze.

Links Besonders raffinierte und leckere Zutaten für jedes Gericht: Die Blüten.

Oben Jung geerntet und in dünne Scheiben geschnitten bereichern Zucchini jeden Sommersalat.

Sorten, die einen Versuch lohnen

'One Ball' ist eine Neuzüchtung; sie hat glänzende, kugelige, gelbe Früchte mit cremigem, süßen Fleisch. Sie liefert zahlreiche Früchte, die sich wunderbar füllen lassen.
'Orelia' ist ebenfalls eine goldgelbe Sorte. Sie ist sehr wüchsig und liefert eine reiche Ernte köstlicher Zucchini.
'El Greco' ist besonders früh erntereif. Dank des lockeren Wuchses lassen sich die Früchte bestens ernten; sie trägt zahlreiche mittelgrüne, sehr aromatische Früchte.
'Defender' ist eine verlässliche grüne Sorte, die einen Versuch wert ist; sie hat gewisse Resistenzen gegenüber dem Mosaikvirus und Falschem Mehltau.

Pflanzen oder säen?

Zucchini können problemlos an Ort und Stelle gesät werden. Es ist aber einfacher, auf vorgezogene Pflänzchen zurückzugreifen, dann kommen Sie mit drei bis vier Exemplaren aus.

Pflanzabstände

Die einzelnen Pflanzen brauchen Platz (1 m² oder etwas weniger), dafür liefern sie aber – ohne großen Aufwand – eine reiche Ernte Zucchini, manche sogar im Überfluss. Setzen Sie die Jungpflanzen mit reichlich Kompost auf einen kleinen Hügel und decken Sie den Boden mit Kompost ab.

Wann pflanzen?

Spätfrühling.

Wann ernten?

8–10 Wochen nach dem Pflanzen. Die Zucchini werden jung geerntet, wenn sie noch zart sind (10–12 cm lang); solange Sie ernten, werden immer wieder neue Früchte nachgeliefert. Sollten Sie nur an den Wochenenden Zeit für den Garten haben, müssen Sie unbedingt alle Zucchini ernten, denn eine Woche später sind sie zu groß und zu alt.

Zucchini

Wie viele Exemplare?

2–4 Pflanzen reichen völlig aus; sie nehmen den ganzen Sommer über etwa 2–3 m² Beetfläche ein. Sollten Sie mehrere Wochen den Garten nicht besuchen, müssen Sie alle Blüten und Früchte entfernen. Das klingt hart, aber wenn Sie zurückkommen, dürfen Sie sich auf die Ernte freuen.

Mehrfachsaat?

Nein.

Ideale Bedingungen

Der Schlüssel zum Erfolg heißt: reichlich Kompost und Wasser. Damit sie ihre enorm großen Blätter bilden kann – die wiederum die Energie für die Früchte garantieren – brauchen Zucchini von Anfang an viel Wasser. Wenn Sie die Zucchini auf dem Komposthaufen pflanzen, können sie von der Feuchte und den reichlich vorhandenen Nährstoffen zehren.

Pflege

Bis auf regelmäßiges Gießen und Mulch verteilen brauchen Zucchini nur einmal wöchentlich eine Düngegabe, sobald sich die ersten Früchte zeigen. Stülpen Sie zum Schutz vor Schnecken eine abgeschnittene Flasche über die Jungpflanzen. Ausgewachsene Exemplare vertragen auch die Konkurrenz einiger Unkräuter.

Wann gießen?

Regelmäßig; ein „Olla" (siehe S. 36–37) hält den Boden um die Zucchini feucht.

Häufige Probleme und Lösungen

Das **Gurkenmosaikvirus** zeigt sich als kleine, gelbe Flecken auf den Blättern, Sie breiten sich mosaikartig über die Blattfläche aus, die Blätter kräuseln, die Pflanze kümmert und bildet kaum Früchte. Es gibt kein Mittel; entfernen Sie die Pflanzen und vernichten Sie alle Reste. Das Virus ist weitverbreitet, es wird über Blattläuse und Gärtnermesser verbreitet. Ist der Bestand einmal infiziert, gibt es weder ein vorbeugendes noch ein Mittel zur Bekämpfung. Die beste Lösung sind resistente Sorten, wie 'Defender'.
Der **Echte Mehltau** schlägt gewöhnlich erst im Herbst zu und ist weniger gefährlich. Er äußert sich als mehliger Überzug auf den Blättern. Die Pflanzen verlieren die Vitalität und die Ernte lässt nach. Entfernen Sie stark geschädigte Blätter und unterstützen Sie die Pflanze mit viel Gießwasser und Flüssigdünger.

Oben Die Geschwindigkeit, mit der die 'El Greco' neue Früchte bildet, grenzt an ein Wunder.

Rechts Die Sorte 'One Ball' liefert ungewöhnliche, runde Zucchini mit besonders süßem Fleisch.

Kürbis ★★☆

Kürbis braucht viel Platz. An den kriechenden Sprossen bilden sich riesige, runzlige Blätter. Dafür bedankt er sich mit essbaren Blüten und riesigen Früchten. Die orangeroten Kürbisse sind sehr dekorative Blickpunkte. Sie können den Platz im Beet optimal nutzen und doppelte Ernte einfahren, wenn Sie die Kürbisse unter Zuckermais wachsen lassen; diese beiden machen sich gegenseitig keine Konkurrenz. Ähnlich machten es schon die Indianer Amerikas: Sie pflanzten die „drei Schwestern" Bohnen, Zuckermais und Kürbis zusammen, um maximalen Ertrag zu erzielen. Unter den großen Blättern entwickeln sich kaum Unkräuter. Sie können die Kürbistriebe auch über Stangenzelte oder andere Stützen ziehen, um Platz zu sparen. In kleinen Gärten oder kühlem Klima, wo die Kürbisse nicht verlässlich wachsen, würde ich allerdings von ihnen abraten.

Links Gute Kürbisse bleiben an der Pflanze, bis die Hülle hart und fest ist. Dann werden die Blätter abgeschnitten und die Früchte bleiben draußen, bis sie beim Klopfen hohl klingen.

Sorten, die einen Versuch lohnen
'Racer' liefert viele große, perfekt geformte Kürbisse. Meine Kinder dürfen jedes Jahr eine Pflanze pflegen (Halloween).
'Jack of all Trades' eignet sich ebenfalls zum Aushöhlen; jede Pflanze liefert viele große, orangerote Früchte.
'Cobnut' ist ein Butternusskürbis, der als gedünstetes Gemüse süß und lecker schmeckt. Sie reift sehr schnell, ist bedingt auch für kühlere Regionen geeignet.

Pflanzen oder säen?
Pflanzen.

Pflanzabstände
Achten Sie beim Kauf auf den Platzbedarf der Pflanzen.

Wann pflanzen?
Spätfrühling.

Wann ernten?
Frühherbst.

Mehrfachsaat?
Nein.

Ideale Bedingungen
Nährstoffreicher, feuchter Boden, sonniger Standort.

Oben Wenn Sie einen Teil der Früchte abschneiden, werden die übrigen Kürbisse deutlich größer.

Pflege
Nur regelmäßig gießen. Gegen Ende der Vegetationszeit werden die Blätter abgeschnitten, damit die Kürbisse unbedingt vor den ersten Frösten ausreifen.

Wann gießen?
Kürbisse haben ein bestens entwickeltes Wurzelsystem; solange der Boden feucht bleibt, gibt es keinerlei Schwierigkeiten.

Wie viele Exemplare?
Form und Größe der Früchte unterscheiden sich je nach Sorte, daher ist es schwer, eine Empfehlung auszusprechen. Außerdem braucht Kürbis sehr viel Platz. Wenn Sie Kürbis lieben und der Garten groß genug ist, wären 3–4 Pflanzen genau richtig; ansonsten versuchen Sie es mit 1–2 Exemplaren.

Häufige Probleme und Lösungen
Echte Mehltau (siehe Zucchini, S. 114) könnte zum Problem werden.
Schnecken machen sich nur über die Jungpflanzen her; stülpen Sie eine abgeschnittene Plastikflasche darüber.

Artischocken ★★☆

Die stattlichen Artischocken haben auch dem Gärtner mit wenig Zeit etwas zu bieten. Es sind Stauden, die an einem sonnigen Standort vier oder fünf Jahre lang leckere Blütenköpfe liefern, ohne große Ansprüche zu stellen. Die Ernte beginnt im Frühsommer, wenn in den anderen Beeten relativ wenig zu tun ist. Der Nachteil ist allerdings, dass eine einzige Pflanze 1 m² Platz beansprucht und die Ernte nicht besonders üppig ausfällt. In einem genügend großen Garten sollte sich allerdings für die Fans der Artischocken noch ein Plätzchen finden; sie werden behandelt wie jede Staude.

Links Die Blütenköpfe werden geerntet, kurz bevor sie sich öffnen.

Rechts Technisch gesehen sind Artischocken keine Früchte, sondern noch nicht erblühte Blütenstände; das Essen ist aufwendiger als die Aufzucht.

Sorten, die einen Versuch lohnen

'Green Globe' dürfte die häufigste aber nicht die leckerste Sorte sein. Sie hält mit dem entsprechenden Schutz auch Frosttemperaturen aus.
'Purple Globe' ist winterhärter als 'Green Globe' und bildet ähnlich große Knospen mit fleischigen Hüllblättern.
'Violetto di Chioggia' ist eine wunderschöne Sorte, die auch ins Staudenbeet passen würde, . Sie reift früher als andere Sorten und bildet kleinere Blütenköpfe mit dunkelpurpurnen Hüllblättern.

Pflanzen oder säen?

Vorgezogene Pflänzchen aus der Gärtnerei oder einem Internetversand wachsen besser an. Artischocken können aber auch aus Samen gezogen werden.

Pflanzabstände

Jede Pflanze wird 1,50 m hoch; ihre langen silbrigen Blätter neigen sich nach außen und könnten Nachbarpflanzen das Licht nehmen.

Wann pflanzen?

Spätwinter.

Wann ernten?

Frühsommer.

Wie viele Exemplare?

Ich empfehle 3 Pflanzen; platzabhängig.

Mehrfachsaat?

In genügend großen Gärten empfehlen sich Sorten mit gestaffelter Reifezeit.

Ideale Bedingungen

Artischocken gedeihen am besten in nährstoffreichen, durchlässigen Böden an einem sonnigen Standort. Mischen Sie beim Pflanzen gut verrotteten Mist ins Beet; schwere, feuchte Böden mit Kies auflockern.

Pflege

Verteilen Sie zum jährlichen Mulch eine Lage Kompost um die Pflanzen. An windigen Stellen sollten Artischocken mit einem Stab gestützt werden. Wenn die Blätter im Herbst zu welken beginnen, das Grün zurückschneiden. Stroh, Mulch oder einem Vlies helfen gegen Frost.

Wann gießen?

In Phasen längerer Trockenheit.

Häufige Probleme und Lösungen

Auf den Sprossen und Knospen sammeln sich **Schwarze Blattläuse.** Einfach mit einem kräftigen Wasserstrahl abspritzen.

Gurken ★☆☆

Gurken aus dem Garten unterscheiden sich von der Gewächshausware. Sie sind kürzer und haben eine rauere Haut, schmecken aber umso besser und sind zum Glück nicht so empfindlich wie ihre Vettern unter Glas. Gurken brauchen eine Kletterunterlage, damit sie nach oben und nicht in die Breite wachsen. Sobald sie angewachsen sind, liefern sie erstaunlich viele Früchte. Allerdings brauchen auch Freilandgurken einen warmen, geschützten Standort. Es lohnt sich übrigens nicht, mit Gewächshaussorten im Freiland zu experimentieren; solche Versuche scheitern fast immer.

Sorten, die einen Versuch lohnen

'Burpless Tasty Green' ist eine leckere, überhaupt nicht bittere Sorte. Bei mir hat sie selbst in schlechten Sommern stets gut getragen.

'Green Fingers' liefert sehr viele kleine Gurken mit gutem Geschmack. Eine Gurke reicht gerade für eine Portion, was Kinder sehr schätzen. Resistenz gegenüber Echtem Mehltau.

Pflanzen oder säen?

Pflanzen.

Pflanzabstände

Die Pflanzen werden mit 60 cm Abstand gesetzt; häufeln Sie etwas Erde auf und setzen Sie die Jungpflanzen in den Hügel. Jungpflanzen sind sehr zerbrechlich und leiden häufig unter dem Umpflanzen. Verteilen Sie Mulch um die Pflanzen.

Wann pflanzen?

Im Frühsommer nach den letzten Spätfrösten.

Wann ernten?

Die Früchte werden gepflückt, wenn sie groß und prall sind. Sehr junge Gurken schmecken nicht ganz so gut und sehr alte haben eine feste Schale und viele Samen. Schneiden Sie die Früchte ab, damit die empfindlichen Stängel nicht brechen.

Links Gurken wachsen über senkrechte Kletterhilfen oder kriechen über den Boden.

Wie viele Exemplare?

2–3 Pflanzen.

Mehrfachsaat?

Nein.

Ideale Bedingungen

Sehr nährstoffreicher Boden in der Sonne; in kühlen, windigen Gärten wachsen Gurken nicht gut.

Pflege

Unter einer dicken Mulchschicht bleibt der Boden wärmer und feuchter. Denselben Effekt hat eine schwarze Schlitzfolie, die auch das Unkraut unterdrückt. Manchmal stellen Gurken nach dem Umpflanzen das Wachstum ein, erholen sich aber bald wieder und wachsen kräftig.

Wann gießen?

Mindestens zweimal wöchentlich und reichlich während der starken Wachstumsphase.

Häufige Probleme und Lösungen

Schnecken machen sich über die Jungpflanzen her; stülpen Sie eine abgeschnittene Plastikpflanze darüber. **Mehltau** stellt sich gegen Ende des Sommers ein. Entfernen Sie die befallenen Blätter (vernichten, nicht auf den Kompost!); die Pflanzen bilden weiterhin Gurken. Auch das **Gurkenmosaikvirus** kann zum Problem werden (siehe dazu Zucchini, S. 114).

Zuckermais ★☆☆

Wenn Sie die richtige Sorte wählen, werden Sie Maiskolben genießen, die unvergleichlich süß, zart und köstlich schmecken. Die heute erhältlichen „Supersweet"-Sorten haben inzwischen einen höheren Zuckergehalt als die klassischen Sorten. Der Ernteertrag pro Fläche ist zwar nicht überwältigend, aber angemessen und die frisch geernteten, direkt gekochten Kolben schmecken wirklich unvergleichlich. Da sich in einem gepflückten Kolben die Zucker in Stärke umwandeln, kann ein Supermarktprodukt niemals dieselbe Süße haben. Da alle Kolben etwa zur gleichen Zeit reifen, sollten Sie auf gestaffelte Aussaat achten. In kühlen Sommern reifen die Kolben nicht aus und auch die Süße der „supersüßen" Sorten kann sich nur in der Sonne entwickeln.

Links Maispflanzen sind sehr dekorativ und sehen sogar zwischen Schnittblumen gut aus.

Sorten, die einen Versuch lohnen

'Lark' ist eine sehr süße und gleichzeitig zarte, leicht verdauliche Sorte. Die Kolben sind nicht besonders groß aber unbeschreiblich lecker.

'Earlibird' ist eine „Supersweet"-Sorte, die etwas früher als andere Sorten gute Kolben liefert.

Pflanzen oder säen?

Ich empfehle das Auspflanzen von vorgezogenen Exemplaren; gehen Sie vorsichtig damit um, denn die Wurzeln vertragen keine Störung.

Pflanzabstände

Jede Pflanze braucht rundum 35 cm Abstand. Setzen Sie Zuckermais nicht in Reihen, sondern in Gruppen, damit der Wind die Blüten auf jeden Fall bestäuben kann. Wenn Sie die Pflänzchen etwas tiefer einsetzen als im Container, bilden sich Seitenwurzeln, die dem Stängel besseren Halt geben. In Regionen mit bekannt warmem Wetter ist eine Aussaat ins Freiland möglich, sobald sich die Bodentemperatur im Frühsommer erhöht hat.

Zuckermais lässt sich sehr gut in eine schwarze Schlitzfolie pflanzen; sie unterdrückt das Unkraut und hält die Wurzeln warm. Auch eine dicke Mulchschicht und Kürbis als Unterpflanzung dämmten das Unkraut ein.

Wann pflanzen?

Spätfrühling bis Frühsommer, nach den letzten Spätfrösten.

Rechts Die Kolben sind reif, wenn die seidigen Fäden braun werden.

Zuckermais

Wann ernten?

Hoch- bis Spätsommer. Wenn sich die Fäden braun verfärben, ist der Kolben reif. Schlagen Sie zur Prüfung die äußeren, grünen Blätter vorsichtig zurück und drücken Sie den Daumen in eines der Maiskörner. Wenn eine milchige Flüssigkeit austritt, ist der Kolben erntereif. Drehen Sie einen Kolben ab und lassen Sie den zweiten weiter reifen.

Wie viele Exemplare?

Aus 16 Pflanzen ernten sie 32 Kolben; dafür benötigen Sie 1,50 × 1,50 m Fläche.

Mehrfachsaat?

Möglich, wenn der Garten groß und die Temperatur warm genug ist. Späte Pflanzen kommen im Herbst nicht mehr zur Reife.

Ideale Bedingungen

Zuckermais braucht guten Boden mit viel Kompost. Ideal ist ein vorjähriges Erbsenbeet; die Knöllchenbakterien in den Erbsenwurzeln haben den Boden mit Stickstoff angereichert.

Pflege

Häufeln Sie an windigen Stellen den Boden etwas um die Stängelbasis auf, um den Pflanzen mehr Stabilität zu verleihen. Gut angewachsene Pflanzen vertragen ein paar Unkräuter, aber es ist besser, den Boden kräftig zu mulchen und kleine Kürbisse oder Zucchini zwischenzupflanzen. Sie vertragen sich gut mit dem Mais und der Mulch, zusammen mit den ausgebreiteten Blättern, hemmt das Wachstum der Unkräuter. Außerdem ernten Sie mit diesem Trick zwei Früchte auf einer Fläche.

Wann gießen?

Zuckermais braucht viel Wasser, vor allem, wenn die Kolben wachsen.

Häufige Probleme und Lösungen

Schlecht entwickelte Kolben oder **kahle Stellen** auf den Kolben kommen vor, wenn die Blüten nicht bestäubt wurden.

Auch **Schnecken und Vögel** können zum Problem werden. Ich schütze die Jungpflanzen durch übergestülpte Plastikflaschen, die gleichzeitig als Minigewächshaus fungieren. Damit schützen Sie später die reifenden Kolben vor **Eichhörnchen.**

Links Zuckermais schmeckt am besten, wenn er unmittelbar nach der Ernte zubereitet wird. Wickeln Sie eine Folie um den Kolben und dünsten Sie ihn auf dem Grill, um das Aroma zu schonen.

Zwiebel-Familie

Küchenzwiebeln • Schalotten • Knoblauch • Porree • Frühlingszwiebeln

Küchenzwiebeln ★★★

Sind die Küchenzwiebeln erst einmal gepflanzt, müssen Sie nur noch das Unkraut durch gelegentliches Hacken klein halten. Zwiebeln verlangen keinen Aufwand und sind unverzichtbar in der Küche. Wer aus seinem Gemüsegarten das Maximum mit minimalem Aufwand herausholen will, ist mit Zwiebeln bestens bedient. Die Zwiebeln werden im Frühling oder Herbst gesteckt; in sehr kleinen Gärten können sie auch im Herbst ausgesät werden. Zwiebeln besetzen das Beet im Winter, wenn es anderweitig nicht genutzt werden kann. Die Ernte beginnt im Juni; Zucchini sind eine gute Folgefrucht, um die Lücke im Beet optimal zu schließen.

Rechts 'Hercules' gilt als ausgezeichnet lagerfähige Sorte.

Sorten, die einen Versuch lohnen
'Red Delicious' ist eine große, süße, rote Zwiebel, die im Frühjahr gesteckt wird und sehr früh reift.
'Radar' wird im Herbst gepflanzt; sie hat ein mildes Aroma und beginnt nur sehr selten zu schießen.
'Herkules' bildet eine gelbe, runde Zwiebel, die gut haltbar ist; die Sorte wird im Frühling gepflanzt.
'Senshyu Yellow' wird im Herbst gesteckt und ist im nächsten Sommer sehr früh erntereif. Die grünen, oberirdischen Teile werden wie Schnittlauch verwendet.

Pflanzen oder säen?
Zwiebeln entwickeln sich am besten, wenn sie als Steck- oder Setzzwiebeln in den Boden gepflanzt werden – kleine, teilweise entwickelte Zwiebeln, die nicht mehr weiterwachsen. Erst im Kontakt mit dem Boden setzt ihr Wachstum wieder ein. Zwiebeln auszusäen, lohnt sich nur, wenn man genügend Zeit hat.

Pflanzabstände
Die Steckzwiebeln werden vorsichtig in den weichen Boden gedrückt; gerade bis unter die Oberfläche. In schweren Böden nimmt man eine Handschaufel zu Hilfe, um die Zwiebeln nicht zu beschädigen. Vögel können die Zwiebelchen nicht ausreißen, wenn Sie die papiernen Spitzen abschneiden. Große Zwiebeln entwickeln sich im Abstand von 10 cm, wenn Ihnen kleinere Zwiebeln lieber sind, verkürzen Sie den Abstand auf 5 cm; 20 cm zwischen den Reihen.

Wann pflanzen?
Überwinternde Sorten werden im Frühherbst gesteckt, die Sorten für den Sommer Mitte bis Ende Frühjahr.

Wann ernten?
Die ersten, im Herbst gepflanzten Zwiebeln werden im Frühsommer geerntet, den Rest holen Sie aus der Erde, wenn die oberirdischen Teile gelb werden (meist im Hochsommer). Ziehen Sie die Zwiebeln vorsichtig heraus und lassen Sie sie in der Sonne oder unter einem Dach trocknen, bis die äußeren Hüllen hart werden. Zum Lagern werden sie in Bündeln zusammengebunden und entweder in einem Netz oder zu Schnüren gebunden an einem kühlen, luftigen Platz aufgehängt.

Wie viele Exemplare?

Bei Zwiebeln ist die Erntemenge kein Geheimnis: Sie setzen 50 und ernten 50, unterschiedlich ist nur die Größe. Steckzwiebeln werden oft nach Gewicht verkauft; 50 Exemplare wiegen etwa 200 g. Für 50 große Zwiebeln brauchen Sie eine 5 m lange Reihe.

Mehrfachsaat?

Nein.

Pflege

Zwiebeln wachsen in Konkurrenz mit Unkräutern nicht besonders gut; hacken Sie zwischen den Reihen, wenn sich Unkraut zeigt. Es spart sehr viel Zeit, wenn Sie die Zwiebeln unter einer schwarzen Schlitzfolie wachsen lassen.

Wann gießen?

Zwiebeln brauchen nur während extrem trockener Perioden gegossen zu werden. Sie haben ein gut ausgebildetes Wurzelsystem und regelmäßiges Gießen scheint sich nicht in größeren Zwiebeln auszuzahlen. Gegen Ende der Vegetationsperiode kann zu viel Wasser den Zwiebeln sogar schaden, da ihre Lagerfähigkeit leidet.

Häufige Probleme und Lösungen

Weißfäule äußert sich in gelben, schlaffen Blättern und

Oben links Steckzwiebeln sind die beste Lösung, um Zwiebeln zu pflanzen.

Oben rechts Stecken Sie die Zwiebel so tief in die Erde, dass sie gerade noch oben herausschaut. Nehmen Sie in harten Böden einen Zwiebelpflanzer zu Hilfe.

Rechts Nach der Ernte werden die Zwiebeln in der Sonne oder an einem warmen Platz getrocknet.

weißen Schimmelflecken mit schwarzen Punkten auf der Zwiebel. Die Sporen lagern im Boden und befallen alle Zwiebeln. Leider gibt es für dieses seltene Problem keine dauerhafte Lösung. Immerhin kann der Schaden eingedämmt werden: Entfernen und vernichten Sie alle befallenen Exemplare und lassen Sie acht Jahre verstreichen, bis Sie wieder Zwiebeln oder Porree im selben Beet pflanzen – so lange überleben die Sporen.
Schießende Zwiebeln können ebenfalls zum Problem werden; versuchen Sie es mit hitzebehandelten Steckzwiebeln. Sie sind etwas teurer, neigen aber weniger zur Blütenbildung.
Mehltau – ein feiner, staubartiger Belag auf den Blättern – ist eine Pilzkrankheit. Entfernen und vernichten Sie befallene Blätter. Die Zwiebeln sind essbar, aber nicht lange lagerfähig.

Schalotten ★★★

Schalotten wachsen ebenso problemlos wie Küchenzwiebeln, schmecken aber süßer und aromatischer. Im
Prinzip werden sie auch genauso behandelt, doch aus
jeder Steckzwiebel entwickelt sich ein ganzes Bündel
neuer Schalotten von etwa derselben Größe. Durch-
schnittlich ernten Sie aus einer Steckzwiebel mindestens fünf bis sechs Schalotten.

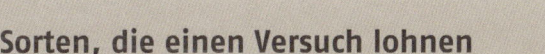

Links und rechts Die gesunde Sorte 'Jermor' liefert acht Schalotten
pro Steckzwiebel. Dafür musste ich nur ein paar Mal zwischen den
Reihen Unkraut jäten.

Sorten, die einen Versuch lohnen

'Jermor' sind lange, dünne Zwiebeln mit kupferfarbener
Haut, rosa Fleisch und einem köstlichen Aroma; nach
meiner Erfahrung sehr gut lagerfähig.
'Delvad' liefert acht bis zehn rundliche Zwiebeln je
Steckzwiebel; das rosa Fleisch ist schmackhaft.

Pflanzen oder säen?

Steckzwiebeln. Wenn Sie selbst auswählen dürfen, nehmen Sie kleine Exemplare; sie schießen nicht so leicht.

Pflanzabstände

Zwischen den Steckzwiebeln sollten bei einem Reihenabstand von 20 cm etwa 15 cm Abstand bleiben, bei
einem Reihenabstand von 30 cm reichen 10 cm Abstand.
Drücken Sie die Zwiebeln so tief in den Boden, dass die
Spitze gerade noch herausschaut. Schneiden Sie die
papierne Spitze ab, damit die Vögel die Zwiebeln nicht
herausziehen können. Drücken Sie angehobene Zwiebeln einfach wieder in den Boden.

Wann pflanzen?

Winter oder Vorfrühling bis Mitte Frühling.

Wann ernten?

Die Ernte kann beginnen, wenn die Zwiebeln groß genug
für die Küche sind. Sie sind endgültig reif, wenn die
Blätter gelb werden und verwelken. Heben Sie die Schalotten aus; an einem sonnigen oder trockenen, warmen
Platz trocknen lassen. Schalotten werden in einem Netz,
in Kisten oder zu Bündeln gebunden an einem trockenen, frostfreien Ort gelagert.

Wie viele Exemplare?

Aus jeder Steckzwiebel entwickeln sich 5–6 Schalotten,
aus einer Reihe mit 30 Stück also rund 150 Schalotten –
das sollte reichen. Ein Kilogramm Steckzwiebeln enthält
rund 100 Stück.

Mehrfachsaat?

Nein.

Ideale Bedingungen

Guter, fruchtbarer Boden.

Pflege

Schalotten vertragen keine Konkurrenz mit Unkräutern;
hacken Sie alle paar Wochen zwischen den Reihen.

Wann gießen?

Nur bei extrem heißem Wetter.

Häufige Probleme und Lösungen

So gut wie keine! Schalotten leiden unter denselben
Problemen wie Küchenzwiebeln, gelten aber als robuster und weniger anfällig.

Knoblauch ★★☆

Wenn Sie regelmäßig mit Knoblauch kochen und seinen durchdringenden Geschmack lieben, dann ist er ein „Muss" im Gemüsegarten. Frischer Knoblauch schmeckt außergewöhnlich gut, es gibt verschiedene Sorten und bis zur Ernte ist nur minimaler Aufwand nötig. Wie bei allen Mitgliedern der Zwiebelfamilie braucht der Knoblauch nach dem Pflanzen nur noch gejätet werden. Da der strenge Geruch viele Schädlinge abschreckt, ist Knoblauch eine sehr gute Begleitpflanze. Zum Lagern wird der Knoblauch getrocknet und zusammengebunden (besonders schön sieht er als geflochtener Zopf aus). Man lagert ihn an einem kühlen, trockenen Ort, damit er nicht austreibt. Wenn der Standort stimmt, ist Knoblauch eine gute Pflanze für Einsteiger.

Links Aus diesen großen Zehen werden große Knollen wachsen.

Sorten, die einen Versuch lohnen

Die Sorten, die im Herbst gepflanzt werden, halten sich etwa vier Monate; im Frühling gepflanzte Sorten sind ein paar Monate länger lagerfähig.

'Germidour' ist eine milde französische Sorte, die im Herbst gepflanzt wird.

'Marco' wird ebenfalls im Herbst gepflanzt und soll sich vier Monate lang halten; unser Vorrat ist aber regelmäßig früher verbraucht. Das Aroma ist angenehm stechend.

'Cristo' bildet große, streng riechende Knollen und kann im Herbst oder Frühling gepflanzt werden; außerdem ist die Sorte lange lagerfähig.

Ich habe gelesen, dass man auch die Zehen aus dem Supermarkt einpflanzen kann, habe mich aber nie getraut. Ich habe keine Lust, Zeit und Raum zu opfern, um dann um die Ernte betrogen zu werden. Bei unbekannten Sorten besteht die Gefahr, dass sie von Viren oder Nematoden befallen werden; außerdem wissen Sie nicht, was Sie anbauen und wie lange Sie den Knoblauch lagern können.

Pflanzen oder säen?

Stecken Sie einzelne Zehen aus einer Knolle in den Boden. Aus größeren Zehen werden auch größere Knollen. Die kleinen, inneren Zehen lohnen den Aufwand nicht.

Pflanzabstände

Zwischen den einzelnen Zehen bleiben 15 cm Abstand; 30 cm zwischen den Reihen. Die Zehen werden mit dem flachen Ende nach unten eingedrückt; die Spitze sollte gerade unter der Erdoberfläche liegen. Sie können die Zehen auch als Gruppe oder mit 15 cm Abstand in versetzten Reihen pflanzen.

Wann pflanzen?

Frühling oder Herbst. Ich ziehe den Herbst vor, weil ich im Frühling viele andere Dinge zu erledigen habe.

Rechts Aus der einzelnen, im Spätherbst oder Frühsommer gepflanzten Zehe ist eine erstaunlich große Knolle geworden – fertig für die Küche.

Knoblauch

Wann ernten?

Etwa im Hochsommer sind die Knollen voll ausgewachsen; sie werden geerntet, wenn die Blätter verwelken oder sich neue Blätter bilden. Ungeduldige Gärtner können den noch grünen Knoblauch auch früher ernten, wenn die Knolle groß genug ist. Ich röste die Knollen als Ganzes und drücke den Inhalt der Zehen auf knuspriges Brot – lecker!

Wie viele Exemplare?

Jede Knolle liefert etwa 10 Zehen, die man stecken kann; aus jeder Zehe wird eine neue Knolle. Für den Anfang reichen 3 Knollen völlig aus.

Ideale Bedingungen

Knoblauch mag gut durchlässige Böden und sehr heiße Standorte. Beim Pflanzen braucht der Boden nur mit etwas Kompost angereichert werden.

Pflege

Alle paar Wochen hacken, um das Unkraut klein zu halten.

Wann gießen?

Nur wenn es sehr heiß ist.

Häufige Probleme und Lösungen

Schießen kann zum Problem werden, wenn das Wetter schlechter wird. Schneiden Sie die Blütenstängel ab; die Zehen und der Stängel sind essbar. Verbrauchen Sie die Zehen einer geschossenen Pflanze zuerst.
Rost bedroht alle Mitglieder der Zwiebelfamilie. Der Pilz schadet nicht wirklich, aber die Pflanzen bilden kleinere Knollen; entfernen und vernichten Sie die befallenen Blätter (nicht auf den Kompost!). Nach einem stärkeren Befall sollte das Beet bis auf Weiteres nicht mehr mit Zwiebeln bepflanzt werden. Häufig breitet sich der Rostpilz auf weniger durchlässigen Böden aus. Untersuchen Sie den Boden und beheben Sie das Problem grundsätzlich.

Oben Die Zehen werden mit der flachen Seite nach unten in den Boden gesteckt; die Spitze weist nach oben.

Rechts Brechen Sie die Knolle auseinander und pflanzen Sie nur die größeren Zehen ein; die kleinen wären eine reine Zeitverschwendung.

Porree ★★★

Der fantastische Porree bietet viele Vorteile: Es ist ein Kinderspiel, ihn zu ziehen, er wird zu einer Zeit erntereif, wenn sonst nicht viel zu tun ist und kann den Winter über im Beet bleiben, seine blaugrünen Blätter zieren das winterliche Beet und der Geschmack ist einfach unübertrefflich. Frisch geernteter Porree ist knackiger und saftiger als Supermarkware und im biologischen Hausgarten ist er garantiert frei von den üblichen Sprühmitteln des kommerziellen Anbaus. Porree verdient seinen Platz im Gemüsegarten – ein sehr gutes Gemüse für jeden Einsteiger.

Links Im Unterschied zu anderen Sorten ziehe ich 'Atal' aus Samen.

Rechts Die Blätter von 'Pancho' sehen wunderbar zwischen der im Herbst blühenden Kapuzinerkresse aus.

Sorten, die einen Versuch lohnen

Für **'Pancho'** würde ich mich entscheiden, wenn ich nur eine Sorte anpflanzen könnte. Sie wächst schnell und kann bis in die Wintermitte im Beet stehen bleiben. Aroma und Biss sind gut.

'Toledo' ist ein guter Partner für 'Pancho', denn er wird etwas später erntereif (ab Spätherbst) und kann den ganzen Winter über stehen bleiben. Er hat dunkelblaue Blätter, die im winterlichen Beet majestätisch aussehen; außerdem neigt er nicht zum Schießen.

'Musselburgh' ist ein extrem robuster Porree, der auch sehr kalte Winter übersteht; vor allem in kalten Regionen wäre er einen Versuch wert. Er reift spät, ab dem Frühwinter und kann bis zum Frühling im Beet bleiben.

'Atal' ist eine Zwergsorte, die ich aus Samen ziehe. Sie müssen nicht umgesetzt werden und brauchen nur 10–12 Wochen bis zur Erntereife. 'Atal' ist etwa so groß wie eine Frühlingszwiebel und eignet sich gut für Salate, Pfannengerührtes und wächst gut im Pflanzgefäß.

Pflanzen oder säen?

Pflanzen. Porree wird in Saatbeeten ausgesät und umgepflanzt, sobald die Pflänzchen etwa Bleistiftdicke erreicht haben. Bestellen Sie Pflänzchen in der Gärtnerei, um Säen und Umsetzen zu sparen. Wenn Sie die Wahl haben: Aus größeren Pflänzchen werden größere Pflanzen.

Pflanzabstände

Der normale Abstand von 15 cm kann in Reihen mit 30 cm Abstand auf 10 cm reduziert werden. Sollten Sie einen Teil der besonders saftigen Porreestangen schon früher ernten wollen, können Sie den Abstand halbieren; die übrigen Pflanzen haben dann den richtigen Abstand, um in Ruhe auszureifen.

Porree wird anders gepflanzt als üblich; unmittelbar danach sehen die Pflänzchen etwas schlaff aus, aber sie richten sich bald auf und die Löcher füllen sich wieder mit Erde (siehe S. 138–139).

Porree

Wann pflanzen?
Spätfrühling.

Wann ernten?
Sie können die ersten Porrees schon als sehr junge Stangen ernten. Allerdings ist die Ausbeute später im Jahr sehr viel ergiebiger. Im Winter gehört allein dem Porree gehört.

Wie viele Exemplare?
Die Planung ist einfach, eine Porreestange je Jungpflanze – außer Sie haben sehr viel Pech. Die Menge richtet sich nach der Familie; 50 Stück sollten reichen, doch für wahre Liebhaber dürfen es ruhig 150 sein.

Ideale Bedingungen
Porree ist problemlos. Er wächst in jedem guten Gartenboden, der allerdings nicht stark verdichtet sein sollte.

Porree pflanzen

1 Drücken Sie mit dem Pflanzholz ein 15 cm tiefes Loch in den Boden.

2 Schieben Sie ein Pflänzchen hinein; es sollte bis auf den Boden rutschen.

Pflege

Das Einzige, was Sie tun müssen, ist alle paar Wochen etwas Zeit ins Unkrauthacken zu investieren.

Wann gießen?

Nur in extremen Trockenperioden.

Häufige Probleme und Lösungen

Das häufigste Problem ist eindeutig der **Rost.** Der Pilz zeigt sich als helle, orangebraune Flecke auf den Blättern; die Blätter verfärben sich gelb und welken. Versuchen Sie zu retten, was zu retten ist, schneiden Sie die befallenen Blätter ab und vernichten Sie sie (nicht auf den Kompost!). Der weiße Teil der Stange ist gewöhnlich nicht befallen und kann gegessen werden. Pflanzen Sie auf einem Beet mit Rostpilzen keine Mitglieder der Zwiebelfamilie mehr.

3 Wundern Sie sich nicht, wenn die Pflänzchen zunächst etwas schlaff aussehen; sie richten sich wieder auf.

4 Nach und nach füllen sich die Löcher von selbst wieder mit Erde.

Frühlingszwiebeln ★★★

Frühlingszwiebeln sind ein fester Bestandteil des Gemüsegartens. Sie geben Salaten und Wok-Gerichten eine pikante Note und sind im Beet die perfekten Partner für Möhren: Sie halten die Möhrenfliege fern. Die Pflanzen erreichen rasch ihre Erntereife und einige Sorten bleiben im Boden, bis sich eine Zwiebel gebildet hat. Sie können sich also Zeit mit der Ernte lassen. Manche Sorten halten sogar den Winter im Beet aus.

Links In einer geraden Reihe gesät, bilden Frühlingszwiebeln eine hübsche Beetbegrenzung.

Sorten, die einen Versuch lohnen
'White Lisbon Winter Hardy' ist eine rasch wachsende, winterfeste Sorte.
'Red Beard' ist nach 12–14 Wochen erntereif, sie hat eine interessante rote Farbe. Wenn sie im Boden bleibt, bilden sich Zwiebeln.

Pflanzen oder säen?
Säen.

Pflanzabstände
Streuen Sie den Samen in 15 mm tiefe Saatrillen; Abstand zwischen den Reihen: 15 cm. Gießen Sie die ausgestreuten Samen vorsichtig. Frühlingszwiebeln brauchen nicht ausgedünnt zu werden; sie schaffen sich ihren Platz.

Wann pflanzen?
Für eine Reihe Frühlingszwiebeln ist überall Platz im Garten, ich säe sie aber direkt neben den Möhren aus, um die Möhrenfliege abzuhalten. Säen Sie ab dem zeitigen Frühjahr bis in den Hochsommer und jedes Mal, wenn Sie Möhren pflanzen.

Wann ernten?
Geerntet wird, wenn die Pflanzen eine nutzbare Größe erreicht haben; dabei dünnen Sie gleichzeitig die Reihen aus. Das Grüne wird wie Schnittlauch verwendet.

Wie viele Exemplare?
Alle 3–4 Wochen eine 2 m lange Reihe oder zusammen mit den Möhren.

Ideale Bedingungen
Unproblematisch, sie wachsen auf jedem normalen Gartenboden.

Wann gießen?
Nur bei sehr heißem Wetter gießen.

Häufige Probleme und Lösungen
Frühlingszwiebeln sind nicht besonders anfällig gegen Störungen.

Rechts (beide) Ernten Sie die ersten Frühlingszwiebeln auf Lücke, damit die anderen dicker werden können.

Beerenobst

Erdbeeren • Brombeeren • Schwarze, Rote & Weiße Johannisbeeren •

Stachelbeeren • Himbeeren

Erdbeeren ★★☆

Eine frische, noch sonnenwarme Erdbeere aus dem eigenen Garten ist eine der größten Köstlichkeiten, die ich kenne. Die leckeren Erdbeeren müssen vor den Vögeln – das ist leicht – und vor den Kindern geschützt werden – das ist viel schwieriger! Von meinen Erdbeeren landen nur sehr wenige auf dem Tisch, die meisten werden gepflückt und direkt verputzt. Die eigenen Erdbeeren reifen ohne Kompromisse: Keine Sorten mit magerem Aroma, nur weil die sich besser transportieren lassen, kein Überwässern, damit sie besonders dick aussehen und dabei ihr Aroma einbüßen.

Rechts Süße, rote Früchte der Sorte 'Florence'.

Sorten, die einen Versuch lohnen

Es gibt so viele und so unterschiedliche Sorten, dass jeder seine eigenen Erfahrungen machen sollte. Beginnen Sie mit wenigen Exemplaren und entscheiden Sie sich für die Sorten, die Ihnen am besten schmecken.
'Cambridge Favourite' reift in der Mitte der Erdbeersaison und liefert eine reiche Ernte köstlich schmeckender Früchte.
'Rosie' ist eine außergewöhnlich frühe Sorte, die viele, aber kleine, weiche Erdbeeren liefert.
'Florence' reift spät, trägt aber zahlreiche, sehr süße, tiefrote Früchte; die Sorte ist resistent gegen Krankheiten.
'Aromel' trägt mehrfach, eigentlich aber nur in zwei Abschnitten. Wenn Sie 'Aromel' neben eine Sommererdbeere pflanzen und alle Blüten des Frühsommers abschneiden, kann 'Aromel' geerntet werden, wenn die anderen Sorten nicht mehr tragen.
'Honeoye' liefert intensiv dunkelrote, aromatische Früchte; frühe Sorte.

Pflanzen oder säen?

Pflanzen; mit nackten Wurzeln oder aus dem Container.

Pflanzabstände

In 30 cm Abstand in gut vorbereitete Erde einpflanzen; sie sollten gerade aus der Erde herausschauen.

Wann pflanzen?

Frühling oder Herbst. Ein gutes Erdbeerbeet liefert drei Jahre lang Früchte. Danach müssen Sie an anderer Stelle ein neues Beet anlegen.

Wann ernten?

Immer, wenn die Früchte reif sind. Ernten Sie stets alle reifen Früchte, damit sie nicht schimmeln und sich Krankheiten ausbreiten.

Wie viele Exemplare?

12 Pflanzen liefern eine gute Ernte. Bei guten Bedingungen trägt eine einzige Pflanze 450 g Erdbeeren.

Mehrfachsaat?

Nein. Es ist besser, verschiedene Sorten zu pflanzen, die zu unterschiedlichen Zeiten reifen. Die Sorten 'Florence' und 'Rosie' garantieren eine lange Erntesaison.

Oben Stroh als Mulch unter den Erdbeerpflanzen hält die Beeren sauber.

Erdbeeren

Ideale Bedingungen

Nährstoffreicher, tiefer Boden an einer sonnigen Stelle.

Pflege

Zu Beginn der Fruchtzeit werden die Erdbeerpflanzen mit Stroh gemulcht, damit die Früchte sauber bleiben. Mit einer schwarzen Schlitzfolie sparen Sie noch mehr Zeit: Die Früchte bleiben sauber, das Unkraut wird unterdrückt und die Erde erwärmt. Leider sieht die Folie nicht besonders attraktiv aus und das Gießen kann sich schwierig gestalten. Abhilfe bietet ein poröser Schlauch unter der Folie. Es gibt auch weiße Folie; sie reflektiert das Licht auf die Pflanzen, beschleunigt die Fruchtreife und soll Blattläuse abschrecken. Ich bevorzuge allerdings das gute, alte Stroh.

Die Ausläufer, die sich an jeder Pflanze bilden, werden abgeschnitten, weil sie Wasser und Nährstoffe verbrauchen (es sei denn, Sie brauchen neue Ableger). Für Ableger werden bewurzelte Ausläufer von gesunden Pflanzen abgeschnitten und in Töpfe mit Komposterde gepflanzt; feucht halten.

Wann gießen?

Jungpflanzen werden regelmäßig gegossen, danach nur noch bei trockenem Wetter und während der Fruchtreife. Gießen Sie die Erde, nicht die Pflanze, damit die Früchte nicht beschädigt werden.

Häufige Probleme und Lösungen

Vögel entdecken die Beeren sehr früh. Wenn Sie die Ernte nicht verlieren wollen, decken Sie das Beet mit einem engmaschigen Drahtgitter ab (in Plastiknetzen könnten sich die Vögel verfangen). Ich baue mir die Abdeckung aus Drahtbögen und Kaninchendraht selbst und benutze sie auch bei den Kohlsorten, um Kohlweißlinge fernzuhalten.

Unter feuchten Bedingungen kann sich **Grauschimmel** bilden; gießen Sie nicht abends, sondern frühmorgens.

Rechts Die Blüten früher Sorten könnten unter Spätfrösten leiden. Hier hilft eine Abdeckung mit einem Vlies.

Brombeeren ★★☆

Die großen, saftigen, schwarzen Früchte von Garten-
sorten unterscheiden sich deutlich von den wilden
Brombeeren. Sie brauchen relativ viel Platz und eine
Kletterhilfe, sind aber nicht anspruchsvoll und sogar
mit einem Standort im Halbschatten zufrieden. Vor der
Ernte fallen nur ein einfacher Schnitt und die üblichen
Pflegemaßnahmen an. Die Beeren sind von Spätsommer
bis Frühherbst reif und verlängern damit die Erntezeit
der Früchte.

Links Diese 'Oregon Thornless' warten darauf, gepflückt zu
werden. Es sind nicht die größten Brombeeren, schmecken aber
hervorragend.

Sorten, die einen Versuch lohnen

'Oregon Thornless' ist eine kompakt wachsende Sorte,
die auch in kleinen Gärten Platz findet. Sie hat keine
Stacheln, was bei der Ernte, dem Schnitt und für kleine
Kinder sehr günstig ist. Die Ernte fällt von Spätsommer
bis Frühherbst reichlich aus. Die tief eingeschnittenen
Blätter sehen anders aus, als die Blätter der wilden Art –
sind hübsch und sehr dekorativ an Zäunen.
'Waldo' ist kompakt, ebenfalls ohne Stacheln und für
kleinere Töpfe geeignet. Der Pflanzabstand beträgt
1,50 m und die Früchte sind außergewöhnlich lecker. Ich
ziehe 'Waldo' an einem Pfosten hoch.
'Himalayan Giant' ist ein Monster von einer Pflanze,
kann aber in einem großen Garten einen Zaun begrünen
oder als Windschutz dienen. Jedes Exemplar liefert 9 kg
saftige Früchte.

Pflanzabstände

Wenn die Brombeeren nicht an einem Zaun oder einer
Wand erzogen werden, brauchen sie die Unterstützung
durch Pfähle und Spanndrähte. Spannen Sie bis zu einer
Höhe von 1,50 m 3–5 waagerechte Drähte zwischen
zwei Pfählen. Brombeeren können zwischen Spätherbst
und Frühling gepflanzt werden; nach dem Pflanzen werden die Triebe auf 20 cm zurückgeschnitten.

Wie viele Exemplare?

Für einen normalen Garten empfehle ich 2 Exemplare
einer kompakt wachsenden, stachellosen Sorte. Jede
gut angewachsene Pflanze liefert etwa 3,5 kg Früchte.
Ein einziges Exemplar 'Himalayan Giant' reicht für die
meisten Familien aus.

Oben Die glänzenden Brombeeren enthalten reichlich Antioxidantien. Es ist fast zu schön, um wahr zu sein, aber sie sind einfach
zu ziehen, sehr lecker und gesund.

Ideale Bedingungen

Brombeeren mögen es feucht und lieben Böden mit
hohem Kompostanteil. Sie wachsen in der Sonne und
im Schatten; an sonnigen Standorten reifen die Früchte
früher und sind süßer.

Pflege und Schnitt

Mulchen Sie im Frühling den Boden um die Pflanzen.
Brombeeren kommen am besten ohne übertriebene
Pflege zurecht. Nach der Ernte und vor dem Frühlings-
austrieb werden alle fruchttragenden Triebe abgeschnitten und neue an die Drähte gebunden.

Wann gießen?

Bis sich neue Pflanzen etabliert haben.

Häufige Probleme und Lösungen

Brombeeren haben selten unter Krankheiten und
Schädlingen zu leiden; nur theoretisch treten dieselben
Probleme wie bei Himbeeren (siehe S. 155) auf. Bei
feuchtem Wetter kann sich **Schimmel** auf den Früchten
ausbreiten; vernichten Sie befallene Früchte (nicht auf
den Kompost!).

Boysen-, Tay- und Loganbeeren

Hybridzüchtungen aus Brombeere, Himbeere und Kratz-
beere; die wie die Elternpflanzen behandelt werden.

Schwarze, Rote & Weiße Johannisbeeren ★★☆

Schwarze Johannisbeeren sind Vitamin-C-Bomben! Sie und ihre beiden Verwandten lassen sich problemlos und einfach ziehen. Ihre leuchtenden Farben und das kräftige Aroma machen sie zu wertvollen Zutaten für die Küche, auch wenn sie sich nicht so leicht wie andere Früchte zubereiten lassen. Die meisten Sträucher werden etwa 1,50 m hoch und bilden lockere Hecken.

Links Schwarze Johannisbeeren enthalten sehr viel Vitamin C; die Sträucher liefern eine reiche Ernte. Unterdrücken Sie das Unkraut mit einem Unkrautvlies.

Sorten, die einen Versuch lohnen

'Ben Connon' ist eine frühe Schwarze Johannisbeere, die eine reiche Ernte großer Beeren liefert.
'Ben Sarek' ist ein kompakter Strauch Schwarzer Johannisbeere; liefert eine gute Ernte.
'White Grape' ist eine Weiße Johannisbeere mit ausgezeichnetem Aroma.
'Red Lake' ist eine wüchsige, beliebte Sorte, die lange Fruchtstände mit glänzend roten Früchten liefert.

Pflanzen oder säen?

Pflanzen; mit nackten Wurzeln oder aus dem Container.

Pflanzabstände

Zwischen den Sträuchern sollte 1,50 m Abstand bleiben. Exemplare mit nackten Wurzeln werden mit reichlich Kompostbeimischung 5 cm tiefer eingepflanzt als in der Gärtnerei.

Wann pflanzen?

Spätherbst bis Winter.

Wann ernten?

Wenn die Früchte reif sind.

Wie viele Exemplare?

Ein Strauch liefert sehr viele Beeren.

Mehrfachsaat?

Pflanzen Sie unterschiedliche Sorten, um die Erntezeit zu verlängern.

Ideale Bedingungen

Johannisbeeren ziehen einen offenen Standort vor. Schwarze Sorten brauchen mehr Dünger als Rote und Weiße Johannisbeeren, vertragen aber etwas Schatten.

Pflege

Mulchen Sie den Boden im Frühling und schützen Sie die reifenden Früchte vor den Vögeln. Alle Johannisbeeren werden im Winter zurückgeschnitten. Bei Schwarzen Johannisbeeren schneiden Sie ein Drittel der älteren Triebe ab (die mit dunkler Rinde), Rote und Weiße werden wie Stachelbeeren beschnitten (siehe S. 151).

Wann gießen?

Neue Pflanzen, bis sie angewachsen sind.

Häufige Probleme und Lösungen

In den großen Knospen setzen sich **Gallmilben** fest. Man erkennt sie im Frühling an den ungewöhnlich dicken Knospen. Entfernen Sie die befallenen Triebe, denn Gallmilben verbreiten Krankheiten (vernichten, nicht auf den Kompost!).
Viren lassen die Knospen vertrocknen; sie fallen ab und die Blätter verkümmern. Gegen diese Virenkrankheit gibt es kein Mittel; die Sträucher müssen komplett entfernt und vernichtet werden.

Rechts Ein gut angewachsener Strauch liefert 4,5 kg rote Johannisbeeren – beachtlich bei gut 1 m² Beetfläche und wenig Arbeit beim Beschneiden.

Stachelbeeren ★★☆

Stachelbeeren werden früh erntereif; sie sind anspruchslos, leicht zu pflegen und liefern eine bemerkenswert reiche Ernte. Die Sträucher beanspruchen einen dauerhaften Platz, aber der Ertrag rechtfertigt den Aufwand. Als Hochstämme gezogene Stachelbeeren sehen besonders attraktiv aus, tragen gut und der Platz zu ihren Füßen lässt sich anderweitig nutzen, beispielsweise für Salat oder Erdbeeren. Hochstämme wirken hübsch im Kübel, brauchen aber etwas mehr Pflege.

Links Die Sorte 'Invicta' bleibt bis zur Vollreife am Strauch. Die Beeren sind relativ süß und schmecken auch frisch.

Sorten, die einen Versuch lohnen

'Invicta' ist eine grüne, reich tragende Sorte, die widerstandsfähig gegen Mehltau ist.
'Hinnonmäki Gelb' trägt große, duftende, gelbe Früchte, die im Hochsommer reifen und resistent gegen Mehltau sind.
'Hinnonmäki Rot' bildet prächtige, wohlschmeckende rote Früchte, wenn man sie ausreifen lässt. Die Sorte ist sehr winterhart und daher gut für kühlere Regionen geeignet; resistent gegen Mehltau.
'Captivator' trägt überreich, hat keine Dornen und ist resistent gegen Mehltau.

Pflanzen oder säen?

Pflanzen; mit nackten Wurzeln oder aus dem Container.

Pflanzabstände

Zwischen Sträuchern und Hochstämmen etwa 1 m Zwischenraum lassen.

Wann pflanzen?

Herbst und Winter.

Wann ernten?

Die ersten, noch grünen Früchte können schon im Spätfrühling geerntet werden; sie sind sauer und eignen sich nur zum Einkochen. Dann haben die übrigen Früchte mehr Platz und reifen besser.

Wie viele Exemplare?

Ein gut angewachsener Strauch liefert 4,5 kg Beeren pro Jahr; einer ist also völlig ausreichend.

Mehrfachsaat?

Nein.

Oben Ein Stachelbeerstrauch trägt 20 Jahre lang – große Ausbeute für eine Pflanze.

Ideale Bedingungen

Stachelbeeren sind unkompliziert und ertragen sogar Halbschatten. Der Boden sollte Feuchte zurückhalten.

Pflege

Im Frühling um die Sträucher mulchen. Hochstämme brauchen eine stabile Stütze. Die Zweige werden im Spätherbst oder Winter zurückgeschnitten. Die Sträucher werden an den Haupttrieben um ein Drittel gekürzt – die Form sollte einem offenen Kelch ähneln.

Wann gießen?

Frisch eingepflanzte Exemplare gut wässern.

Häufige Probleme und Lösungen

Die **Larven der Stachelbeerblattwespe** fressen einen Strauch völlig kahl; sie arbeiten sich von der Mitte nach außen vor. In meinem Garten haben sie innerhalb weniger Tage einen Strauch, den ich üppig grün verlassen habe, in ein Gerüst aus nackten Zweigen verwandelt. Immerhin erholte er sich und trug noch ein paar Früchte. Die Larven sind mattgrün, 2,5 cm lang und gut zu sehen. Die sicherste Abwehr ist Ausdauer: Prüfen Sie ab Frühlingsmitte die Blattunterseiten und sammeln Sie die Larven ab.
Der **Stachelbeermehltau** äußert sich als weißes Pulver auf Blättern und Früchten. Die befallenen Zweige werden abgeschnitten und vernichtet. Achten Sie beim Rückschnitt auf eine offene Form, damit die Luft gut zirkulieren kann. Das Problem kommt häufig vor; die beste Lösung sind resistente Sorten.

151

Himbeeren ★★☆

Um gute Himbeeren zu ernten, müssen Sie nur einmal pro Jahr mulchen und ab und zu gießen. Sogar der Schnitt ist mehr als einfach. Eine einzige Reihe liefert genügend duftende Früchte für sommerliche Nachspeisen. Hätte ich nur Platz für eine einzige Beerensorte, würde ich Himbeeren anpflanzen – kaum Pflege und köstliche Früchte. Einige Sorten fruchten im Sommer, andere im Herbst. Die Herbstsorten brauchen nicht gestützt zu werden und sind weniger anfällig; auch der Schnitt ist einfacher. Herbst ist allerdings nicht ganz richtig, denn sie tragen bereits ab dem Hochsommer. Damit sind sie in kleinen Gärten die beste Garantie für lange Ernten.

Oben Solche Stangenzelte für Himbeeren sind nicht nur praktisch, sondern auch gute Raumteiler.

Sorten, die einen Versuch lohnen

'Malling Jewel' wird im Hochsommer reif. Die Sorte trägt nicht übermäßig viel, bildet aber von den Sorten, die ich kenne, die köstlichsten Früchte. Außerdem halten sich die Früchte an den Zweigen – ein wichtiges Argument, wenn man nur ein- oder zweimal wöchentlich in den Garten kommt.
'Autumn Bliss' ist eine ertragreiche Herbstsorte; sie bildet reichlich große, schmackhafte Beeren.

Pflanzen oder säen?

Pflanzen mit nackten Wurzeln.

Pflanzabstände

Wer die Pflanzen per Post bestellt, bekommt kahle Bündel, die aussehen wie trockene Stöcke mit Wurzeln. Himbeeren brauchen guten, nährstoffreichen Boden an einem geschützten, sonnigen Standort; sie vertragen etwas Schatten. Heben Sie einen 5–8 cm tiefen Graben aus und stellen Sie die Pflanzen mit 30 cm Abstand hinein; Wurzeln ausbreiten, Erde auffüllen und leicht festtreten. Wenn die Ruten länger sind als 30 cm, werden sie bis zu einer Knospe auf etwa 30 cm eingekürzt.

Im Sommer fruchtende Sorten werden sehr hoch und brauchen Unterstützung. Ich ziehe meine Himbeeren am Wildzaun. Das sieht gut aus und wirkt wie ein Sichtschutz. Alternativen sind Stangenzelte oder zwischen Pfosten (1,80 m hoch) gespannte, waagerechte Drähte. Himbeeren bilden hübsche Trennhecken zwischen Gartenabteilungen.

Wann pflanzen?

Herbst oder Frühwinter.

Wann ernten?

Je nach Sorte im Sommer oder Herbst.

Wie viele Exemplare?

12 Sträucher in einer 5 m langen Reihe liefern eine reiche Ernte; die Hälfte reicht aber auch. Himbeeren bleiben bis zu zehn Jahre lang stehen. Für einen nachhaltigen Fruchtertrag sollten Sie den Standort und die Zahl der Sträucher gut planen. Berücksichtigen Sie auch, dass die Sommersorten einen breiten Schatten auf die Nachbeerbeete werfen werden.

Mehrfachsaat?

Nein.

Rechts Je regelmäßiger Sie die reifen Himbeeren pflücken, desto mehr Nachschub liefert der Strauch.

Himbeeren

Ideale Bedingungen

Himbeeren mögen guten, fruchtbaren Boden mit viel Kompost. In kalkhaltigen Böden kümmern sie. Die beste Ernte liefern Sträucher an sonnigen, geschützten Standorten.

Pflege

Der Boden um die Triebe wird im Frühling mit gutem Gartenkompost gemulcht. Wenn die Triebe die Oberkante des Klettergerüsts erreicht haben, werden sie wenige Zentimeter oberhalb der Unterlage abgeschnitten. Sorten, die im Sommer tragen, werden nach der Ernte geschnitten: Blüten und Früchte stehen an den letztjährigen Trieben; schneiden Sie alle Fruchttriebe direkt über dem Boden ab. Die neuen Triebe werden im nächsten Jahr Beeren tragen. Schneiden Sie von den neuen Trieben die jeweils schwächsten heraus, sodass zwischen den stärkeren 10 cm Abstand bleibt.

Ich habe häufig Fotos in Büchern gesehen, wo die Sträucher perfekt aussahen – meine Sträucher waren längst nicht so ordentlich und brachten dennoch eine gute Ernte.

Bei Sorten, die im Herbst tragen, werden gegen Ende des Spätwinters alle Triebe direkt über dem Boden abgeschnitten. Eigentlich müssten Sie die neuen Triebe ausdünnen, aber bei mir gab es nie Probleme, wenn alle stehen blieben.

Wann gießen?

Bei Trockenheit, wenn die Triebe Blüten tragen und die Früchte wachsen.

Häufige Probleme und Lösungen

Das vermutlich ärgerlichste Problem sind die **Vögel,** die sich an den Früchten bedienen – lange bevor wir sie reif finden. Benutzen Sie sehr früh die auf S. 186–187 beschriebenen Methoden, um die Vögel fernzuhalten.

Der **Himbeerkäfer** ist eine Gefahr für die Sorten, die im Sommer tragen. Er legt seine Eier in die Knospen. Die Larven fressen sich durch den Fruchtstiel und hinterlassen eine braune, vertrocknete oder missgebildete Beere. Als schnelle Maßnahme hilft nur ein Insektizid, dass allerdings auf den Punkt zur richtigen Zeit gespritzt werden muss. Wenn Sie den Boden um die Sträucher im Winter regelmäßig auflockern, stören Sie den Entwicklungszyklus des Käfers und reduzieren die Population im nächsten Sommer. Sollte das Problem unlösbar werden, steigen Sie besser auf Herbstsorten um. Sie blühen erst, wenn der Käfer keine Eier mehr legt.

Infektionen mit Viren oder Pilzen schwächen die Wüchsigkeit der Sträucher und äußern sich in schlechteren Ernten. Wird das Problem zu groß und die Ernte zu schlecht, versuchen Sie es an einer anderen Stelle mit neuen Sorten.

Bei zu kalkhaltigen Böden treten **Chlorosen** (Blätter werden gelb) auf.

Links Meine Familie liebt Himbeeren; ich ziehe sie im Hauptbeet auf einfachen Stangenzelten aus angestrichenen, 1 m langen Stangen, die oben mit Hanfschnur zusammengebunden werden. Das Windspiel vertreibt die Rehe!

Essbare Blüten

Borretsch • Schnittlauch • Ringelblume • Zucchiniblüten • Lavendel •

Kapuzinerkresse • Märzveilchen

Es gibt einige gute Gründe, Blumen im Gemüsegarten zu ziehen: Ich verwende sie als Schnittblumen für die Vase, locke Nützlinge an und benutze sie, um die Speisen zu verschönern. Die essbaren Blüten nehmen nicht viel Platz weg und es kann nie schaden, einige davon zur Hand zu haben, um Salate oder Drinks zu schmücken. Entscheiden Sie sich für Arten, die Ihnen gefallen. In meine Entscheidung fließt außerdem ein, ob sie noch einen weiteren Vorteil bieten, beispielsweise als Schnittblume oder Begleitpflanze. Der Platz im Gemüsegarten ist kostbar und ich verschenke ihn nicht gerne. Die folgenden Beispiele umfassen Blüten, die mir besonders geeignet erscheinen; die Liste ist aber ganz sicher nicht vollständig.

Borretsch

Unverzichtbar für Sommer-Drinks. Der einjährige Borretsch wird im Spätfrühling gesät; wenn er sich eingewöhnt hat, sät er sich selbst aus. Verwenden Sie die Blüten frisch oder eingefroren in Eiswürfel.

Schnittlauch

Die kleine Gewürzpflanze bildet hübsche Blütenköpfchen, die Salate und Omelettes um Farben und einen zwiebelartigen Geschmack bereichern. Die Blätter erscheinen ab Spätwinter, die Blüten im Spätfrühling. Schnittlauch ist eine Staude, leicht zu ziehen und eine gute, die Blattläuse abschreckende Begleitpflanze.

Ringelblume

Die einzelnen Blüten des Köpfchens werden locker über den Salat gestreut. Auch die Ringelblume ist eine gute Begleitpflanze, die sich leicht aus Samen ziehen lässt; sät sich selbst aus.

Im Uhrzeigersinn von oben rechts Borretsch, Ringelblume und Schnittlauch.

Oben Lavendel

Zucchiniblüten

Wenn Sie ohnehin Zucchini anpflanzen, sollten Sie ein paar Blüten abzweigen. Damit haben Sie nicht nur die Möglichkeit, die Erntemenge der Früchte zu steuern, sondern können die Blüten füllen, backen oder in Pfannkuchenteig tauchen und frittieren (siehe S. 113–114).

Lavendel

Lavendel ist ein Strauch, der dauerhaft im Garten wachsen kann. Ich benutze ihn, um das Ende meiner langen Beete dekorativ zu markieren (drei Exemplare pro Beet). Lavendel lockt zahlreiche Bienen in den Garten; ich würze damit Plätzchen, Zucker, Eis und Marmeladen. Die Sträucher brauchen viel Sonne, einen sehr durchlässigen Boden und Winterschutz in kühleren Regionen.

Rechts Zucchiniblüte

Kapuzinerkresse

Es gibt unterschiedliche Sorten mit gelben, roten, orange- und mahagonifarbenen Blüten. Auch Kapuzinerkresse ist eine gute Begleitpflanze. Blätter, Samen und Blüten sind essbar; sie haben einen pfefferartigen Geschmack. Die Samen werden ab Frühlingsmitte an Ort und Stelle ausgestreut; sät sich selbst aus.

Märzveilchen

Die zierlichen, hübschen Blüten des März- oder Duftveilchens beleben Salate und Suppen. Die kandierten Blüten eignen sich wunderbar als Dekoration auf Kuchen und Muffins. Es sind die einzigen Blumen, die schon ab dem Spätwinter bis in den Frühling hinein Blüten liefern. Ich ziehe sie in großen Töpfen.

Im Uhrzeigersinn von oben rechts Veilchen, Muffin mit Veilchenblüte, Kapuzinerkresse.

Anbau & Pflege

Ich muss mir immer wieder vergegenwärtigen, dass Samen zu Pflanzen heranwachsen und die Pflanzen die Früchte, Knollen und Wurzeln liefern, die wir alle mögen. Wenn Sie sich dazu entschlossen haben, einen pflegeleichten Gemüsegarten anzulegen, entscheiden Sie sich für Arten und Sorten, die Ihnen die Arbeit mit einer guten Ernte versüßen. Natürlich könnten Sie sich durch einen Berg von Fachliteratur mit gesammeltem Gärtnerwissen quälen, bis Sie das Wesentliche herausgefunden haben. Dann probieren Sie aus, was auf Ihrem Grundstück funktioniert, bis Sie genügend Selbstvertrauen haben, eigene Experimente zu wagen. Ich möchte Ihnen in diesem Kapitel vorstellen, auf welche grundlegenden Dinge Sie achten müssen, um zeitsparend und effektiv zu gärtnern. Dafür werden Sie nichts über Pfropfen, Vermehren oder Bestäuben finden – es geht nur um die Grundlagen: Wann gießen, düngen und jäten? Wie kommt man mit wenig Aufwand zu einem guten Boden?

Der Boden

Auf einen Blick

Ein guter Boden lohnt jede Anstrengung. Er sorgt dafür, dass die Pflanzen gut gedeihen, steigert die Ernte und erleichtert jede Gartenarbeit.

Der Boden ist der wichtigste Bestandteil eines pflegeleichten Gartens. Mein Großvater sagte immer: „Kümmere Dich wenig um die Pflanzen, aber viel um den Boden." Damit hatte er das wesentliche Kennzeichen eines erfolgreichen Gartens kurz zusammengefasst. Guter, gesunder Boden enthält reichlich Nährstoffe und viel organisches Material. Er ist offen, locker, hält die Feuchtigkeit zurück und lässt überschüssiges Regenwasser abziehen. In einem guten Boden leben zahllose nützliche Organismen – Bakterien, Milben, Würmer, Pilze und Tausendfüßer, um einige zu nennen –, die das organische Material in Humus verwandeln. Die Würmer sind besonders wichtig: Sie durchmischen das Material und durchlüften den Boden. Im Gemüsegarten ist eine 45 cm tiefe Bodenschicht ideal. Ein gesunder Boden lässt sich leicht bearbeiten und unterstützt den Wuchs gesunder Pflanzen, die widerstandsfähiger gegen Schädlinge und Krankheiten sind. Vermeiden Sie unbedingt unnötige Verdichtungen.

Guter Boden

Niemand kann den Mineralgehalt Ihres Bodens grundlegend verändern – er ist abhängig von der Geologie der Region –, doch seine Tiefe, Struktur und Fruchtbarkeit lassen sich nachträglich beeinflussen. Arbeiten Sie reichlich gut verrotteten Mist, Garten- oder Laubkompost ein, um schwere Böden aufzulockern, Klumpenbildung zu unterbinden und die Dränage zu verbessern. Leichte Böden profitieren von organischem Material, weil es den Boden fruchtbarer macht und die Feuchtigkeit bindet. Mulch kann auf leichten Böden auch das Auswaschen von Mineralien verhindern. In schweren Tonböden sorgt Kies für eine bessere Dränage. Es gibt keine Sofortlösungen, doch von Jahr zu Jahr wird ein mit Kompost, Mist und Mulch behandelter Boden besser und gesünder. Wenn Sie auf das Umgraben verzichten, bleibt die Struktur des Bodens erhalten und nach einigen Jahren sind die Erfolge greifbar.

Schwere, tonhaltige Böden sind schwer zu bearbeiten. Sie verkleben bei feuchtem Wetter, backen in der Sonne zu Klumpen zusammen und lassen sich in der Hand zu festen Würsten zusammendrücken, erwärmen sich im Frühling relativ langsam. Andererseits sind gerade tonhaltige Böden nährstoffreich.

Leichte, sandige oder Schlickböden, sind durchlässig und leicht zu bearbeiten. Sie trocknen leicht aus und die Nährstoffe werden stark ausgewaschen.

Der schnellste und beste Weg zur Bodenverbesserung sind 30–45 cm hohe Hochbeete. Füllen Sie gute Gartenerde ein und arbeiten Sie Kompost und gut verrotteten Mist unter – perfektes Substrat für Gemüse! Kaufen Sie nur Erde, die Sie vorher untersucht haben, sonst holen Sie sich Problemböden in die Hochbeete. In Gärten mit schlechter Dränage dürfen diese ruhig höher sein; 60 cm oder mehr sind angemessen. Graben Sie die Bodenschicht unter den Beeten um und arbeiten Sie Kies ein, damit das Wasser gut abläuft.

Unten und rechts Bereits ganz normaler Gartenkompost trägt zur Bodenverbesserung bei. Sowohl schwere, als auch undurchlässige, leichte oder unfruchtbare Böden profitieren von ihm.

Nie mehr umgraben!

Auf einen Blick

Kein Umgraben im Herbst. Alle Beete werden im Spätwinter oder zeitigen Frühjahr 5 cm dick mit Kompost oder gut verrottetem Mist abgedeckt.

Auf das Umgraben zu verzichten, ist die einfachste und eine viel Zeit sparende Lösung, um den Boden im Gemüsegarten zu bearbeiten. Außerdem ist es keine Notlösung, die mit Kompromissen für die Bodenqualität einherginge. Vielmehr ist es fantastisch für die Struktur und Qualität des Bodens.

Im klassischen Gartenbau wurden die Beete im Spätherbst umgegraben und die Schollen für die „Wintergare" offen liegen gelassen. Dabei gibt es jede Menge gute Gründe, den Boden nicht zu bearbeiten: Umgraben zerstört den Schichtenaufbau des Bodens, verdichtet ihn, senkt die Fruchtbarkeit, weil das organische Material schneller abgebaut wird, schafft den Unkrautsamen optimale Bedingungen und kostet viel harte Arbeit. Statt stundenlang die Schollen umzuwenden, wird die Fläche mit einer Schicht Kompost oder Mist bedeckt. Die Würmer ziehen das organische Material in den Boden und lockern ihn dabei auf. Das jährliche Mulchen ist einfach, natürlich und für den Gärtner mit wenig Aufwand verbunden.

Das Prinzip funktioniert gerade in Hochbeeten bestens, in denen Sie mit einem Gemisch aus Gartenerde und organischem Material anfangen. In niedrigen Hochbeeten auf schlecht dränierten Böden müssen Sie vorher den Untergrund auflockern (siehe S. 164).

Breiten Sie gegen Ende des Winters auf allen Beeten eine mindestens 5 cm dicke Mulchschicht aus. Erst danach beginnen die jahreszeitlichen Arbeiten im Garten. Mich erinnert diese Mulchschicht an eine blanke Leinwand, bereit zur Bepflanzung. Ich muss nur noch loslegen und die Pflanzen aus der Gärtnerei in den jungfräulichen Boden einpflanzen. Das Mulchen und die anderen Vorbereitungen dauern nicht lange. Es ist wie ein Ritual: Ich plane pro Jahr etwa zwei Nachmittage für diese Vorbereitungen ein, räume alle Reste des letzten Jahres beiseite, entferne das Unkraut und mulche die Beete. Wenn ich damit fertig bin, sieht der Garten „pieksauber" aus und ist bereit für die nächste Gartensaison. Wer den Mulch bereits vor dem Winter ausbringt, riskiert, dass die Nährstoffe schon vor dem Bepflanzen ausgewaschen werden. Manche Gärtner mulchen lieber im Verlauf des Gartenjahrs, aber dann gibt es so viel zu tun, dass ich diese Arbeit lieber auf den Vorfrühling/ Spätwinter verlege. Auch wenn es später hektisch werden sollte, kann ich mich darauf verlassen, das Wesentliche getan zu haben. Zur gleichen Zeit mulche ich auch den Boden um alle Sträucher und Stauden, wie die Himbeeren oder Artischocken. Wenn Sie einige Regeln beachten – nicht auf gefrorenen oder wassergesättigten Boden mulchen, nicht auf Beete für Zwiebeln und Möhren (außer sie wurden schon im Herbst bepflanzt) – kann nichts mehr schiefgehen!

Links Das organische Material, das früh im Jahr auf den Beeten verteilt wird, ist meine Garantie für eine erfolgreiche Saison ohne Umgraben.

Rechts Mein Beet gedeiht prächtig ohne umgraben – eine zeitsparende Methode, die nur Vorteile bietet.

Wunderbarer Mulch

Auf einen Blick
Als Mulch eignet sich alles, was die Bodenoberfläche abdeckt. Mulch unterdrückt das Unkraut, hält die Bodenfeuchte zurück und kann die Bodenqualität verbessern.

Eine Mulchschicht auf den Beeten ist genial einfach und spart enorm viel Zeit im Gemüsegarten. Neben dem üblichen Mulch – nährstoffreicher Gartenkompost oder gut verrotteter Mist – gibt es unterschiedliche Mulchsorten für unterschiedliche Zwecke im Gartenjahr. Eine Mulchauflage hält jede leere Fläche gesund und unkrautfrei und bereit für spätere Arbeiten.

Mit Mulch werden alle Materialien bezeichnet, mit denen sich der Gartenboden abdecken lässt. Mulch ist also sowohl ein nährstoffreiches Kompostgemisch als auch eine Plastikfolie, um das Unkraut zu unterdrücken. In gewisser Weise ist sogar ein Vlies, das über die jungen Salatköpfe gebreitet wird, um sie vor Blattläusen oder Erdflöhen zu schützen, eine Art „schwebender Mulch". Eine Mulchschicht erfüllt drei Aufgaben im Garten (manche erfüllen alle drei, andere weniger): Mulch düngt den Boden, unterdrückt das Unkraut und hält die Bodenfeuchte zurück – gute Nachricht für den Gärtner mit knappem Zeitbudget. Mulchen geht schnell und einfach; verteilen Sie den Grasschnitt einfach auf den Beeten, statt ihn auf den Kompost zu bringen. Es gibt mehrere kostenlose oder doch preiswerte Mulchsorten, die meine besten Verbündeten im Kampf gegen das Unkraut sind. Sie sollten immer daran denken, dass Mulchen schneller und einfacher geht als Jäten; außerdem profitieren die Pflanzen von einer guten Mulchschicht.

Was eignet sich?

Kompost

Kompost wird im Spätwinter oder zeitigen Frühjahr auf den nicht umgegrabenen Beeten (siehe S. 166) ausgebreitet. Ich verteile ihn um bodendeckende Pflanzen, wie Zucchini, Kürbisse und Knollensellerie. Wie viele Nährstoffe der Gartenkompost enthält, ist von Mal zu Mal verschieden, aber unterm Strich versorgt er die Beete mit einem kontinuierlichen Strom neuer Nährstoffe mit sofortiger und langfristiger Wirkung. Er verbessert die Bodenstruktur, die Wasserspeicherung und die Lebensbedingungen für Bodenorganismen. Je höher der Bestandteil an Holz ist, desto geringer der Nährstoffgehalt. Unmittelbar nach der Verteilung sehen die Beete

Links Wenn Sie Mulch zukaufen müssen, ist Stroh die preiswerte Alternative. Zwischen dem Zuckermais unterdrückt es das Unkraut, hält die Bodenfeuchte und von Würmern in den Boden gezogen.

zwar etwas unordentlich aus, aber Würmer sorgen dafür, dass alles in den Boden gezogen wird.

Gut verrotteter Mist

Frischer Stallmist sollte mindestens sechs Monate bis ein Jahr verrotten, ehe er auf die Beete verteilt werden darf. Fragen Sie bei den Bauern in Ihrer Umgebung nach. Manche sind ganz froh, wenn Sie Abnehmer finden – vermutlich werden Sie den Mist aber selbst einpacken müssen. Er wird überall dort verteilt, wo der Boden verbessert werden soll. Nur zur Unterdrückung von Unkraut ist er nicht geeignet.

Laubkompost

Laubkompost ist ein Segen für den Boden. Er liefert zwar kaum Nährstoffe, lockert aber die Bodenstruktur auf und verbessert die Wasserhaltekapazität des Bodens. Verteilen Sie den Laubkompost in einer 7–8 cm dicken Schicht zwischen den Gemüsereihen, um das Unkraut zu hemmen und die Bodenfeuchte zu verbessern. Laubkompost bietet die wunderbare Möglichkeit, aus lästigem „Gartenabfall" etwas Nützliches zu schaffen.

Grasschnitt

Das abgemähte Gras auf den Beeten zu verstreuen, macht genauso viel Arbeit, wie es auf den Komposthaufen zu schaffen. Mit Grasmulch schleusen Sie einen typischen Gartenabfall wieder in den Kreislauf ein, verbessern den Boden und sparen Zeit. Die Schichtdicke sollte ähnlich wie beim Laub 5–8 cm betragen. Gras unterdrückt das Unkraut, hält die Bodenfeuchte zurück und wird in Nährstoffe umgewandelt. Die Schicht darf allerdings nicht zu dick werden, sonst verfault die unterste Lage unter Sauerstoffabschluss. Ich verteile den Grasschnitt unter Bohnen, Kohl, Rhabarber, Gurken und Artischocken. Das Gras färbt sich rasch braun und verschwindet in der Erde. Obwohl im Sommer sehr viel Gras anfällt, sollten Sie es nicht mehr als zweimal auf einem Beet verteilen, da sich der Boden sonst mit Stickstoff anreichert.

Zeitungen, Pappe und Mulchfolien

Zeitungen und Pappe werden flach auf dem Beet ausgebreitet und mit Steinen beschwert, um den Unkrautwuchs zu unterdrücken. Gießen Sie gründlich, sobald alles verteilt ist. Diese Abdeckung sieht nicht besonders attraktiv aus, ist aber sehr wirkungsvoll, wenn sie eine Vegetationsperiode auf dem Beet liegen bleibt. Die Reste bleiben einfach liegen und verrotten. Wenn Ihnen die Zeitungen auf dem Beet nicht zusagen, decken Sie sie mit Stroh oder Kompost ab – das bedeutet aber doppelte Arbeit. Der Fachhandel bietet fertige Mulchfolien für Biogärtner an, die etwas ordentlicher aussehen, aber eben ihren Preis haben.

Stroh

Wenn Ihr Garten nicht genügend Kompost oder Laubkompost liefert und Sie Mulch zukaufen müssen, rate ich zu Stroh. Es ist relativ preiswert, lässt sich rasch ausbreiten und ist schwer genug, um liegen zu bleiben. Seine helle Oberfläche reflektiert das Licht, was den reifenden Früchten zugute kommt. In genügend dicker Schicht unterdrückt es die Unkräuter, wärmt den Boden und hält die Bodenfeuchte zurück.

Schwarze Plastikfolie

Die meisten Gartencenter und Baumärkte bieten schwere PVC-Folie als Rollenware an. Sie ist vielfältig nutzbar, weil sie den Unkrautwuchs effektiv unterbindet und sich mehrfach verwenden lässt. Damit rechnen sich auch die teuren Anschaffungskosten. Beschweren Sie die Ränder mit Steinen oder Erde. Jungpflanzen werden durch Schlitze in der Folie eingepflanzt. In sehr warmen Regionen kann sich allerdings der Boden stark aufheizen – in kühlen Gegenden wird ein Vorteil daraus, weil sich die Erde im Frühling rascher erwärmt und früher gepflanzt werden kann. Ein weiterer Nachteil ist das unschöne Aussehen. Ich benutze die Folie, um den Boden zu erwärmen und um die Himbeeren herum, decke sie allerdings mit Stroh ab.

Holzasche

Gut verbrannte Holzasche aus dem Kamin enthält einen hohen Anteil an Kalium, der gut für fruchtende Pflanzen ist.

Algen

Algen enthalten viele Mineralien, die dem Gemüseanbau sehr guttun. Allerdings sind die Bezugsmöglichkeiten stark eingeschränkt und für eine dicke Lage kaum ausreichend. Algen trocken stark ein und hinterlassen gut sichtbare Lücken in der Schicht. In dünner Lage aufgebracht, wirken sie wie Dünger. Waschen Sie frische Algen gut aus, um das Salz zu entfernen.

Düngen & Dünger

Auf einen Blick
In einem gut etablierten Biogarten, der nicht umgegraben wird, sind nur sehr geringe Düngergaben erforderlich.

In einem Biogarten, der nicht umgegraben und regelmäßig gemulcht wird, sind kaum zusätzliche Düngegaben erforderlich. Da der Boden ständig mit frischem, organischem Material versorgt wird, finden die Bodenorganismen ausreichend Grundlagen vor, aus denen sie natürlichen Dünger für den Boden herstellen. Für jedes Produkt, das Sie aus dem Boden ernten (und dabei Nährstoffe entfernen), versorgt organisches Material, wie Kompost oder Mulch, den Boden mit Nachschub. Es gibt allerdings, insbesondere nach der Umstellung eines Gartens, Situationen, wo sich zusätzliche Düngegaben empfehlen. Gerade im Gemüsegarten kommt es darauf an, den Boden gesund und vital zu erhalten. Eine Düngung nach dem Gießkannenprinzip wäre allerdings vertane Zeit und kostspielig zugleich. In der Tat kann falsches Düngen die Situation sogar verschlechtern, weil das falsche Wachstum angeregt wird: Blätter statt Früchte oder weiches Gewebe, das besonders anfällig für Krankheiten ist.

Für den Einsteiger bietet sich in einem neu angelegten Gemüsegarten organischer Volldünger an, der nach der Saat oder Pflanzung in die Beete eingearbeitet wird. Er sollte Stickstoff, Phosphate und Kaliumverbindungen zu gleichen Anteilen enthalten. Stickstoff unterstützt das Blattwachstum, Phosphat die Wurzeln und Kalium die Blüten und Früchte. Der Fachhandel bietet eine Vielzahl von speziellen Düngern an doch, in der Tat reicht aber eine gute Bodenfruchtbarkeit für alle Pflanzen aus.

Ich vertraue auf die Qualität meines Bodens und gebe Extradünger nur zu Tomaten und Gurken; gelegentlich helfe ich anderen Pflanzen aber mit Algendünger aus.

Wann & womit düngen?

Sollte eine Pflanze langsam oder nur schwach wachsen, helfen Sie sich mit flüssigem Algendünger oder Blattdünger, der die Pflanzen mit Nährstoffen und Spurenelementen versorgt. Die Pflanzen sollten rasch und merklich reagieren. Folgende Pflanzen reagieren positiv auf Düngung:

Rechts Kohl wächst am besten nach einer Vorkultur mit Hülsenfrüchten. Kohl kann den gesamten Stickstoff aufbrauchen, den die Vorkultur im Boden hinterlassen hat.

Zucchini	Verdünnter Tomatendünger mit hohem Kaliumanteil	Nur, wenn die Ernte schwach ausfällt
Kohl	Vorkultur mit Erbsen	Die Knöllchenbakterien in den Wurzeln der Erbsen reichern den Boden mit Stickstoff an
Paprika	Tomatendünger mit hohem Kaliumanteil	Einmal pro Woche, wenn die Früchte wachsen
Auberginen	Tomatendünger mit hohem Kaliumanteil	Einmal pro Woche, wenn die Früchte wachsen
Tomaten	Tomatendünger mit hohem Kaliumanteil	Einmal pro Woche
Gurken	Ausgewogener Volldünger	Einmal pro Woche, wenn die Früchte gebildet werden
Bohnen (alle)	Dünger mit hohem Kaliumanteil	Mehrfach, wenn die Früchte gebildet werden, um die Erntezeit zu verlängern

Säen

Im pflegeleichten Gemüsegarten lohnen sich nur Samen, die direkt ins Freiland gesät werden. Die meisten kleinen Samen, wie Möhren, Radieschen und Salate, werden in flachen Rillen ausgesät. Der besten Rat, den ich einem Einsteiger geben kann, lautet: Ziehen Sie eine gerade Saatrille. Als ich anfing, ließ ich meiner Kreativität freien Lauf und säte clevere Formen und Mäander ins Beet – das war ein Fehler! Jäten mit der Hacke war völlig unmöglich und am Anfang konnte ich nicht zwischen Nutzpflanzen und Unkräutern unterscheiden. Zwischen schnurgeraden Reihen lässt sich das Unkraut mit der Hacke entfernen und jedes Unkraut verrät sich schon durch den Standort. Ich versuche immer noch, mit Farben zu spielen, aber in geraden Reihen. Als Maßstab

benutze ich einen Bambusstab oder spanne eine Leine und ein selbst gebasteltes Brett mit Zentimeterangaben für gleichmäßige Abstände.

Ziehen Sie zuerst eine gerade Rille, dann wird ein sehr trockener Boden mit feinster Brause aus der Gießkanne gewässert. Danach streuen Sie die Samen gleichmäßig aus der Hand in die Rille. Wenn Sie direkt aus der Samentüte schütten, landen garantiert zu viele auf einem Fleck und daneben tun sich Lücken auf. Dann wird die Saatrille mit Erde geschlossen und markiert. Wenn Sie um Platz für eine zweite Charge lassen, markieren Sie die Stelle, wo die nächste Aussaat anfängt.

Saatbeet für Eilige

Feiner Samen lässt sich nur aussäen, wenn das Saatbeet gleichmäßig fein-krümelig ist. Ohne diese Vorbereitung würden die kleinen Samenkörner durch Bodenspalten in die Tiefe gewaschen. Sie müssen aber vollständig von warmer, feuchter Erde umgeben sein, um erfolgreich zu keimen. In einem fein-krümeligen Boden finden ihre Wurzeln viel besseren Halt und Verbindung zum Wasser, als in einem groben Boden mit Löchern und Spalten. Ein solches Saatbeet herzustellen, ist nicht ganz einfach. Selbst wenn Sie die obere Mulchschicht entfernen, kann der Boden darunter zu grob sein. In diesen Fällen benutze ich einen einfachen Trick: Ziehen Sie die Saatrille drei- bis viermal tiefer und füllen Sie feinen Kompost (oder Erde eines Maulwurfhügels) auf. Säen Sie auf diese Schicht und verschließen Sie die Rille mit demselben Kompost. Maulwürfe sind zwar lästig, aber die Erde, die sie aufwerfen, ist eine perfekte Saaterde. Mit dem Kompost in der Rille haben Sie ein Minisaatbeet geschaffen; die größeren Würzelchen wachsen daraus in die Beeterde ein.

Große Samen, wie Bohnen oder Zucchini werden einfach sanft bis zur gewünschten Tiefe in den Boden gedrückt. Auf den Packungen wird meist empfohlen, je Loch zwei Samen zu säen, damit einer der beiden auf jeden Fall auskeimt. Keimen beide, wird der schwächere Keimling vorsichtig ausgezogen.

Links Die winzigen Möhrensamen sind schwierig zu säen. Schütten Sie ein paar in die Handfläche und schieben Sie die Samen mit der anderen Hand in kleinen Portionen in die Saatrille.

Oben links und rechts Die winzigen Grünkohlsamen keimen nur in Kontakt mit dem Boden aus. Dazu fülle ich eine tiefere Rille mit feinem Kompost, säe und fülle mit Kompost auf – das perfekte Saatbeet.

Links Große, robuste Samen, wie diese Stangenbohnen, werden einzeln in den Boden gedrückt.

Oben links und rechts Buschbohnen werden jeweils paarweise in den Boden gesteckt; eine der beiden sollte keimen.

Samen sammeln

Es spart Geld, Samen zu sammeln und aufzuheben. Am einfachsten geht das mit den Samen von Erbsen und Bohnen. Lassen Sie einige Hülsen an den Pflanzen stehen, bis sie ausgereift sind und pflücken Sie die Hülsen, bevor das Wetter zu feucht wird. Heben Sie die Samen in braunen Papiertüten an einem trockenen, kühlen Platz auf (Sortennamen notieren). Bei anderen Pflanzen geht das nicht ganz so einfach. Ich fand den Aufwand immer zu groß. Saatkartoffeln wären möglich, aber dann besteht die Gefahr, dass sich Virus- oder andere Krankheiten ausbreiten. Ein zuverlässiger Samenhändler ist sicherer. Beim Topinambur lohnt es sich dagegen, einige Knollen zu behalten; lassen Sie bei der Ernte einige in der Erde zurück. Denken Sie auch daran, dass die F1-Hybriden nicht reinerbig sind. Wenn Sie deren Samen aussäen, entstehen andere Pflanzen als die Eltern.

Die großen Bohnensamen lassen sich einfach einsammeln, wenn die Hülsen ausgereift und trocken sind. Bohnen werden ohnehin wegen ihrer Hülsen angepflanzt. Das ist bei den Möhren anders. Hier müssten Sie einige Exemplare blühen und fruchten lassen.

Pflanzen

Mit vorgezogenen Pflanzen kommen Sie besonders einfach zur Ernte. Sie werden gewässert, aus dem Container genommen und an die richtige Stelle eingesetzt; festdrücken, gießen, fertig! Von dieser Regel gibt es einige Ausnahmen: Junge Porreepflänzchen werden in ein Loch gesetzt (siehe S. 138–139); Zuckermais wird tiefer eingepflanzt als im Container, damit sich viele Seitenwurzeln bilden; Zucchini und Kürbisse werden bis zu den Keimblättern eingegraben (dem ersten Blattpaar); Kohl wird tief eingepflanzt und die Erde kräftig angedrückt, möglichst mit der Ferse. Richten Sie die Pflanzen mit einer Schnur oder einem Brett gerade aus. Bis die Pflanzen gut angewachsen sind, werden sie bei trockenem Wetter gegossen und mit Vlies oder abgeschnittenen Plastikflaschen gegen Kälte geschützt. Pflanzen Sie, wenn möglich, an einem trüben Tag, damit der Boden feucht bleibt.

Es dauert nur ein paar Augenblicke, eine Jungpflanze ins Beet zu setzen; verletzen Sie nicht die empfindlichen Würzelchen.

Pflanzabstände

Auf jeder Samentüte wird ein Abstand zwischen einzelnen Pflanzen und den Reihen empfohlen. Auch in den meisten Gartenbüchern stehen ähnliche Abstände. Tatsächlich braucht jede Pflanze einen optimalen Abstand zu ihrem Nachbarn, damit sie genügend Nährstoffe, Wasser und Licht bekommt und man das Unkraut zwischen ihnen entfernen kann. Daraus folgt, dass in guten, nährstoffreichen, durchlässigen, aber Feuchte speichernde Böden (und in Hochbeeten) die Abstände kleiner sein dürfen als in armen, trockenen Böden. Ein Beet mit optimalen Abständen zwischen den Pflanzen wird daher auch optimal genutzt – beispielsweise mit versetzten Reihen.

Der Abstand zwischen zwei Pflanzen beeinflusst die Wuchshöhe. Das kann durchaus praktisch sein, wenn Sie viele kleine statt wenige große Zwiebeln ernten möchten; das gilt selbstverständlich auch für Möhren oder Kohl. Ich pflanze meine Kohlköpfe gern eng zusammen, etwa zwei pro Person, denn zwei meiner Kinder wollen sich nicht überzeugen lassen, dass Kohl richtig lecker ist. Mit eng stehenden Pflanzen sind die Beete besser bedeckt und die Unkrautgefahr wird reduziert. Sorten mit vielen Blättern, wie die Zucchini, geben wunderbare Bodendecker ab. Der Abstand ist wichtig, aber eben nicht alles. Auf den Seiten 48–161 habe ich Vorschläge gemacht, welche Abstände für die einzelnen Sorten optimal sind. Sie sollten aber ruhig mit gesundem Menschenverstand an die Sache herangehen und eigene Erfahrungen in Ihren Beeten sammeln.

Zwischenfrucht

Die Abstände zwischen den ausgewachsenen Pflanzen sind eine Sache, es gibt aber weitere Möglichkeiten, die Beetfläche optimal zu nutzen. Wenn Sie abwechselnd schnell und langsam wachsende Gemüse pflanzen, können Sie zwei- oder sogar dreimal auf derselben Fläche ernten, ohne Kompromisse einzugehen. Solche schnell wachsenden Arten werden auch als Zwischenfrüchte bezeichnet: Radieschen, Rote Bete, Blattsalate, Frühlingszwiebeln und Kopfsalat. Zwischenfrüchte senken auch die Gefahr, dass sich Unkraut zwischen den langsam wachsenden Sorten ansiedelt.

Rechts Diese jungen Kohlpflanzen brauchen noch einige Zeit bis zur Erntereife. In der Zwischenzeit füllen schnell wachsende Sorten, wie Radieschen, Frühlingszwiebeln oder Rote Beete, die Zwischenräume.

Jäten

Jäten ist die vermutlich unangenehmste Aufgabe im Gemüsebeet, andererseits aber auch enorm befriedigend. Ein frisch gejätetes Beet mit einer Reihe gesunder Gemüsepflanzen sieht klasse aus. Unkräuter stehlen den Nutzpflanzen das dringend benötigte Wasser, Nährstoffe und Licht; deswegen müssen sie weg. Außerdem setzen sich in manchen Unkräutern Schädlinge und Krankheiten fest, die auf die Nutzpflanzen übertragen werden. Ein Beispiel ist Kohlhernie bei Kohlpflanzen. Ich musste allerdings erkennen, dass ein vollkommen unkrautfreies Beet ein Traum bleiben wird und habe mich auf pragmatische Weise mit dem Unkraut arrangiert. Da Vorbeugen besser ist als Heilen mulche ich jede Fläche, auf der sich Unkraut entwickeln könnte, um den Samen das Licht abzuschneiden. Dazu gehe ich, wann immer ich Zeit finde, mit der Hacke durch das Beet. Dabei konzentriere ich mich vorrangig auf die Sorten, die besonders unter Unkraut zu leiden haben, wie Zwiebeln, Schalotten und Möhren – während der Hauptwachstumszeit jede oder alle zwei Wochen jeweils für 5–10 Minuten. Andere Gemüse, wie Zucchini, Rhabarber und Kürbisse lassen dank ihrer dichten Blätter kaum Unkraut hochkommen; die paar Unkräuter, die sich im Schatten ihrer Blätter bilden, kann ich verschmerzen. Auch gut angewachsene und gedüngte Beerensträucher liefern mit ein paar Unkräutern zu ihren Füßen noch eine gute Ernte. Ihnen wende ich mich erst zu, wenn ich Zeit habe oder wenn das Unkraut zu dicht wird.

Ich achte besonders auf die unangenehmen Unkräuter. Daher ist es wichtig, die Unkräuter und ihre Eigenschaften zu kennen. Einjährige Unkräuter sind keine große Bedrohung. Sie lassen sich leicht jäten oder rechtzeitig mit der Hacke entfernen. Sie werden erst dann lästig, wenn sie blühen und Samen bilden. Da manche Unkräuter 100 oder weit mehr Samen bilden, müssen sie entfernt werden, bevor sie Samen ansetzen. Das Gleiche gilt auch für Unkrautstauden, wie den Löwenzahn. Als ich einmal mit einem Gärtnermeister durch seinen Garten spazierte, bückte er sich regelmäßig, um die Blütenköpfe des Löwenzahns abzureißen – rechtzeitig bevor sich Tausende von Samen an Schirmchen

auf die Eroberung des Gartens machen konnten. Die Blüten zu entfernen, dauert nur wenige Sekunden, verschafft Ihnen aber sehr viel Luft für später. Mehrjährige Unkräuter, die sich unterirdisch ausbreiten und überall im Garten ihre Triebe aus dem Boden strecken, wie Giersch oder kreichender Hahnenfuß, stellen eine ganz andere Belastung dar. Wenn man sie lässt, bilden sie dichte Netze um die Nutzpflanzen, die sich nur mit viel Zeit und Mühe wieder entfernen lassen. Entfernen Sie diese Unkräuter, sobald sie sich zeigen und graben Sie alle unterirdischen Teile aus, denn sie regenerieren sich auch aus kleinen Wurzelstücken.

Das Wurzelsystem der Zaunwinde kann mehrere Meter weit durch die Erde kriechen. Ihnen bleibt nichts anderes übrig, als jeden oberirdischen Trieb sofort zu kappen und zu hoffen, dass ihr irgendwann die Nährstoffe ausgehen. Es gibt praktisch keinen Garten mit unkrautfreien Beeten. Investieren Sie die Zeit, die Sie haben, mulchen und hacken Sie regelmäßig, dann greifen Sie das Unkrautproblem im wahrsten Sinne an der Wurzel an.

Die Gegner kennen

🌿 Einjährige: Behaartes Schaumkraut, Kleine Brennnessel, Kreuzkraut (Greiskraut), Vogel-Sternmiere, Weißer Gänsefuß.

🌿 Mehrjährige: Ampfer, Brombeere, Löwenzahn.

🌿 Mehrjährige, die sich stark ausbreiten und sofort bekämpft werden müssen: Giersch, Kriechender Hahnenfuß, Quecke, Schachtelhalm, Zaunwinde.

Hacken

Hacken scheint eine Selbstverständlichkeit zu sein. Dennoch gibt es gibt auch hier einige Besonderheiten. Wenn Sie die Zeit finden, sollten Sie regelmäßig zwischen Möhren und Zwiebeln hacken – auch wenn sich keine Unkräuter zeigen – um die jungen Triebe der Unkräuter zu zerstören. Stellen Sie auf jeden Fall sicher, dass sich die abgehackten Stücke nicht wieder neu bewurzeln (an heißen Tagen vertrocknen sie in der Sonne). Hacken Sie so flach wie möglich, damit keine Unkrautsamen aus der Tiefe nach oben gelangen.

Links Eine gute, scharfe Hacke zertrennt die Unkräuter und entfernt die Spitzen der wachsenden Pflanzen. Rechtzeitiges und regelmäßiges Hacken erfordert weniger Aufwand, als abzuwarten, bis sich die Unkräuter etabliert haben.

Gießen

Auf einen Blick

Gründliches Gießen nur dann, wenn die Pflanzen Wasser brauchen, ist besser, als dauernd ein bisschen Wasser verteilen. Die Pflanzen brauchen Wasser vor allem zu bestimmten Zeiten, damit sich der Ertrag verbessert.

Wie lange und wann Sie gießen oder das Bewässerungssystem einschalten müssen, richtet sich nach den Wetterbedingungen in Ihrer Region, nach der Bodenqualität und den aktuellen Regenfällen. In der Regel braucht eine gut angewachsene Pflanze weniger Wasser, als man erwarten würde. Sie sparen also viel Zeit, wenn Sie sich mit den Bedingungen vertraut machen und wissen, zu welchem Zeitpunkt das Gießwasser einen besseren Ertrag bringt. Bei knappem Wasserangebot bilden die Pflanzen ein besseres Wurzelsystem aus; das wiederum befähigt sie, dem Boden mehr Wasser und Nährstoffe zu entziehen. Sie werden widerstandsfähiger und sind nicht so anfällig bei Dürreperioden. Ein erfahrener Gärtner hat mir einmal gesagt, den Gemüsegarten zu gießen, sei das beste Mittel, „sich sehenden Auges in Schwierigkeiten zu bringen". Das oberste Ziel eines pflegeleichten Gartens ist die Zeitersparnis, also zahlt sich auch cleveres Gießen aus. Zu viel Wasser verschlechtert den Geschmack mancher Gemüse – sie schmecken wässriger – und macht sie anfälliger gegen Krankheiten und Angriffe von Schnecken. Zu viel Wasser verfestigt den Boden und wäscht die Nährstoffe aus, die Sie mühsam in den Boden eingearbeitet haben. Die meisten Gemüse kommen ganz gut zurecht, wenn sie einmal pro Woche kräftig gegossen werden.

Ich gieße sehr wenig, weil mein Boden die Feuchte hält, das Klima gut ist und genügend Regen fällt. Es gibt tatsächlich viele Faktoren, die mitspielen, daher hier nur einige wichtige Faustregeln:

❧ Frisch eingepflanzte oder gesäte Pflanzen brauchen vor allem bei warmem Wetter mehr Wasser, bis sie angewachsen sind.

❧ Ein ordentlicher Guss, je nach Wetterlage einmal wöchentlich oder alle zehn Tage, reicht für die meisten Gemüsesorten aus. Häufigeres Gießen mit kleineren Mengen führt nur dazu, dass die Pflanzen ein oberflächliches Wurzelwerk bilden und dann abhängig von regelmäßiger Wasserversorgung werden. Die Wurzeln der meisten Pflanzen reichen nicht tiefer als 30 cm; halten Sie diese Schicht feucht. Es schadet gar nichts, wenn die Bodenoberfläche trocken aussieht – der Wassergehalt in einigen Zentimetern Tiefe ist entscheidend.

❧ Gießen Sie dann, wenn es wirklich wichtig ist. Kohlgemüse, Spinat und Salat müssen regelmäßig gegossen werden, während andere Arten (siehe S. 181) eine reichere Ernte liefern, wenn sie zur richtigen Zeit gegossen werden – während sie blühen und Frucht ansetzen. Vor allem müssen alle Pflanzen gegossen werden, deren Blätter schlaff werden.

❧ Gießen Sie vorzugsweise frühmorgens. In der Hitze des Tages würde das Gießwasser zu schnell verdunsten und nicht in den Boden eindringen. Abendliches Gießen fördert die Verbreitung von Schnecken und Schimmelpilzen.

❧ Gießen Sie immer den Boden, nie die Pflanze. Feuchte Blätter könnten verfaulen oder von Pilzen befallen werden. Verteilen Sie das Wasser mit einer feinen Tülle oder benutzen Sie ein System mit Tröpfelbewässerung, damit das Wasser nicht oberflächlich abläuft, sondern in den Boden eindringt.

❧ Bei Regen brauchen Sie nicht zu gießen; allerdings reicht ein leichter Schauer im Sommer nicht aus, um den Boden wirklich durchzufeuchten.

❧ Regenwasser ist optimal für die Pflanzen und den Geldbeutel. Stellen Sie Fässer unter die Regenrinnen am Haus, der Garage oder des Gartenhauses. Inzwischen gibt es auch professionelle, unterirdische Sammeltanks. Aus ihnen wird das Wasser über Pumpen entnommen und im Garten verteilt. Brauchwasser aus dem Haushalt ist allerdings ungeeignet, weil es Reinigungsmittel enthalten könnte.

Pflanzen, die viel Wasser brauchen:

- ❧ Zucchini
- ❧ Kürbisse
- ❧ Stangenbohnen
- ❧ Blatt- und Kopfsalate
- ❧ Gurken

Pflanzen, die zur Fruchtzeit Wasser brauchen:

- ❧ Dicke Bohnen
- ❧ Erbsen
- ❧ Buschbohnen
- ❧ Himbeeren
- ❧ Erdbeeren
- ❧ Tomaten

Pflanzen, die nur selten Wasser brauchen:

- ❧ Möhren
- ❧ Rote Bete und anderes Wurzelgemüse
- ❧ Zwiebeln
- ❧ Schalotten
- ❧ Knoblauch
- ❧ Rhabarber
- ❧ Topinambur
- ❧ Artischocken

Oben Meine geliebte Gießkanne hat eine Tülle mit sehr feinen Löchern. Sie ist bestens geeignet, um den Boden um empfindliche Jungpflanzen herum zu befeuchten.

Fruchtfolge

Auf einen Blick
Halten Sie den zeitlichen Abstand zwischen demselben Gemüse (oder Verwandten) in einem Beet so groß wie möglich. Bei wiederholte Bepflanzung mit derselben Frucht reichern sich Krankheiten und Schädlinge an und der Boden verliert seine Fruchtbarkeit.

Es hat sich herumgesprochen, die Beete Jahr für Jahr mit anderen Sorten zu bepflanzen. Jede Sorte entzieht dem Boden andere Nährstoffe – wiederholte Nutzung mit derselben Frucht würde den Boden an eben diesen Nährstoffen verarmen lassen. Auch auf bestimmte Pflanzen spezialisierte Krankheiten und Schädlinge würden zu einem ständig wachsenden Problem. Daher sollte möglichst viel Zeit vergehen, bis dieselbe Sorte an derselben Stelle gepflanzt wird. Einige Gärtner halten drei, andere vier Jahre Abstand für ausreichend. Sollte eine Krankheit ernste Probleme machen, warten Sie so lange wie möglich – mehr muss man eigentlich nicht beachten.

Gerade diesen Aspekt des Gemüsegartens sollten Sie sorgfältig in einem Gartentagebuch notieren; das gilt auch für interessante Zwischenpflanzungen, die sich bewährt haben. Ich benutze meine Aufzeichnungen regelmäßig, wenn ich neue Pflanzen und Samen bestelle. Nur so kann ich sicher sein, dass alles passt und ich den Wechsel der Bepflanzung nicht vergesse.

Natürlich gibt es auch für diesen Aspekt eine Unmenge von Regeln. Die Sorten werden in Gruppen untergliedert und es gibt Listen, was auf welche Sorte folgen sollte. Sicher gibt es gute Gründe für einen ausgeklügelten Fruchtwechsel, doch die Wirklichkeit ist leider fast immer anders als die Theorie.

Erstens beanspruchen manche Pflanzen mehr Platz als andere. Warum sollen Sie großflächig Erbsen anpflanzen, nur weil Sie im Vorjahr gerne und viel Kohl geerntet haben? Und was ist, wenn Sie gar keinen Kohl mögen? Zweitens werfen einige Sorten, beispielsweise Stangenbohnen oder Topinambur, Schatten auf andere Beete; sie können nicht beliebig platziert werden. Drittens reicht in vielen Gärten der Platz für einen kompletten Fruchtwechsel nicht aus und in kleinen Gärten springen Schädlinge und Krankheiten ohne Schwierigkeiten von Beet zu Beet. Andere Krankheiten, wie die Kohlhernie halten sich bis zu zehn Jahre in einem befallenen Boden – man kann sie nicht „aushungern".

Die folgenden Gruppen eignen sich für eine dreijährige Rotation. Die Bepflanzung folgt den Ziffern der Gruppen. Bei einer vierjährigen Fruchtfolge werden die Gruppen nochmals untergliedert.

Gruppe 1
Wurzelgemüse: Möhren, Porree, Zwiebeln, Rote Bete und Schalotten.

Gruppe 2
Gemüse mit Früchten und Hülsen: Erbsen, Bohnen, Zucchini, Gurken, Kürbis, Zuckermais.

Gruppe 3
Kohlgemüse: Brokkoli, Weißkohl, Rotkohl, Grünkohl, Radieschen.

Gemüse in der Fruchtfolge

In einer guten Fruchtfolge wird eine Art oder Sorte gepflanzt, die von den Sorten des Vorjahrs profitiert. Hülsenfrüchte reichern den Boden mit Stickstoffverbindungen an. Bleiben die Wurzeln im Boden, profitieren Kohlsorten im nächsten Jahr von dem höheren Nährstoffangebot. Auf die Kohlgemüse folgen dann Wurzelgemüse, die weniger Nährstoffe benötigen. Gemüse wie Kartoffeln beschatten den Boden, sodass im Folgejahr die Unkräuter gehemmt werden und sich Zwiebeln und Möhren wohlfühlen.

Eine gute Fruchtfolge macht den pflegeleichten Garten zu einem Erfolg, insbesondere, wenn Sie biologisch anbauen möchten. Investieren Sie ruhig etwas Zeit in die Planung – es zahlt sich aus.

Rechts Dieses Beet mit Porree (Gruppe 1) wird im nächsten Jahr mit Gemüse aus der Gruppe 2 bepflanzt, im dritten Jahr folgt dann Kohl (Gruppe 3).

Schädlinge

Auf einen Blick
Schützen Sie die Pflanzen routinemäßig.

Halten Sie Fruchtfolgen ein, um die Belastungen zu senken.

Es gibt kaum etwas Schlimmeres, als Gemüse, das Schädlingen oder einer Krankheit zum Opfer fällt. Man hat Zeit, Mühe, Enthusiasmus und Geld verschwendet. Vorbeugen ist auch in diesem Fall besser als ein bestehendes Problem bekämpfen zu müssen. Schädlinge können innerhalb einer Woche ein Schlachtfeld anrichten und leider gibt es keinen Königsweg. Hat sich ein Schädling erst durch den Trieb gefressen, wird er absterben; wenn Kaninchen den Weg zum Salat finden, landet er garantiert nicht mehr auf dem Tisch; und wenn Kohlweißlinge ihre Eier abgelegt haben, gibt es keine Möglichkeit mehr, den Kohl vor den hungrigen Raupen zu retten. Da ich streng biologisch gärtnere, lehne ich chemische Spritzmittel ab. Kurz gesagt: Vorbeugen ist besser als Heilen. Schützen Sie Ihr Gemüse vor den wichtigsten Krankheiten und Schädlingen, indem Sie vorrangig resistente Sorten anpflanzen. Das ist beinahe alternativlos, wenn Sie in den Vorjahren mit bestimmten Krankheiten zu kämpfen hatten.

Es gibt aber auch einige allgemeine Strategien, um Probleme zu vermeiden. Gesunde, kräftige Pflanzen werden mit einem gewissen Ausmaß an Angriffen von selbst fertig. Beziehen Sie Ihre Jungpflanzen aus einer renommierten Gärtnerei und achten Sie auf kräftigen Wuchs und gute Bewurzelung. Zu schnell gewachsenes, üppiges Grün könnte Schädlinge erst anlocken. Räumen Sie, wann immer möglich, Reste vom Beet und werfen Sie niemals eine kranke Pflanze auf den Kompost. Sporen und Viren werden bei der Kompostierung nicht zerstört und kommen mit dem Kompost wieder zurück in den Garten. Halten Sie sich bei Geschenken von anderen Gärtnern zurück, auch wenn es undankbar aussieht. Das Risiko, mit der freundlichen Gabe ein Trojanisches Pferd – Schädlinge und Viren – in den Garten zu holen, ist einfach zu groß.

Unten links In den Sommermonaten machen sich Raupen über die Kohlblätter her.

Unten Diese Löcher wurden von Raupen in die äußeren Blätter eines Kohls gefressen. Der Rest des Kopfs ist zum Glück noch essbar.

Schnecken

Ich habe schon alles Mögliche versucht, um der Schneckenplage Herr zu werden. Schnecken bedrohen fast alle Pflanzen: Sie fressen zarte Jungpflanzen bis auf den Boden ab, nagen an Kohlblättern, fressen sich in Kartoffeln und verwüsten Salate – die Liste wäre endlos. Der einzige Lichtblick ist, dass große Pflanzen nicht mehr gefährdet sind; sie verkraften einen leichten Blattfraß. Der Handel bietet verschiedene Streumittel und spitzkantigen Split an, der um die Pflanzen verteilt wird und Schnecken abhalten soll. Ich habe ein paar davon ausprobiert und wurde langfristig immer wieder enttäuscht; außerdem entstehen auf die Dauer relativ große Kosten. Manche Gärtner schwören auf Kupferringe, die den kriechenden Schnecken einen schwachen elektrischen Schlag versetzen und sie abschrecken sollen. Die Kosten für Kupferringe um jede Pflanze wären beträchtlich, auch wenn man berücksichtigt, dass sie jedes Jahr verwendet werden können. Auch mit eingegrabenen Bierfallen können Sie die Schnecken vermindern oder sie in kühle, feuchte Ecken locken und sie dort einsammeln, doch was geschieht in einem feuchten Jahr?

Schnecken haben einige natürliche Feinde, wie die Laufkäfer. Locken Sie Igel, Frösche und Kröten in den Garten. Eine dicke Kröte zwischen den Salatköpfen gehört zu meinen angenehmsten Gartenerinnerungen! Fadenwürmer (Nematoden), die bei warmem Wetter unter der Erde befallen die Schnecken und töten sie.

Ich schneide den Boden alter Plastikflaschen ab und drehe sie über den Jungpflanzen in den Boden. Sie schützen vor Schneckenfraß, bis die Pflanzen groß genug sind. Auch Plastikringe mit nach außen gewölbtem Rand erfüllen denselben Zweck. Räumen Sie alles aus der Nähe der Pflanzen weg, worunter sich die Schnecken verstecken könnten.

Es klingt zwar verrückt, aber ich habe sogar von Gärtnern gehört, die Schnecken mit alten Blättern oder Kleie füttern, um sie von den Jungpflanzen fernzuhalten. Vielleicht sorgt die Methode kurzfristig für Ruhe, doch was geschieht, wenn sich eine Armee wohlgenährter Schnecken auf den Weg in die Beete macht?

Kaninchen & Rehe

Kaninchen und Rehe richten enorme Schäden an. Rehe scheinen junge Pflanzen aus purer Neugier zu entwurzeln. Hier hilft nur ein stabiler Wildzaun, der allerdings mindestens 25 cm tief eingegraben (Kaninchen) und 2,50 m hoch (Rehe) sein muss. Mein Garten grenzt direkt an Felder und eigentlich genieße ich es, dass

Oben Dieser Plastikring mit nach außen gewölbtem Rand schützt Jungpflanzen vor Schneckenfraß.

Wildtiere zu Besuch kommen. Wenn sie gelegentlich im Ziergarten Schäden anrichten, kann ich damit leben – im Gemüsegarten nicht. Mein ursprünglicher Garten ist von einem wenig attraktiven, aber wirkungsvollen Wildzaun umgeben, den auch Förster einsetzen. Da der übrige Garten offen ist, versuche ich, die für Tiere attraktiven Pflanzen innerhalb des Zauns, die weniger beliebten außerhalb davon zu pflanzen. Kartoffeln und Rhabarber sind nicht sehr begehrt, denn die Blätter sind giftig für Rehe und Kaninchen. Das Gleiche gilt für Zwiebeln und Porree – intensiver Duft – und die großen, borstigen Blätter von Zucchini und Kürbissen. Davon schütze ich nur die Jungpflanzen. Bisher kann ich nicht über größere Schäden klagen; aber das könnte auch daran liegen, dass die Tiere in meiner Region genügend anderes Futter finden.

Mäuse

Mäuse graben Erbsen- und Bohnensamen aus – statt des Keimlings zeigt sich eine Delle im Boden. Die Bohnen als Nahrungsangebot zu säen, ist eine schlechte Idee. Nachdem ich zum ersten Mal Dicke Bohnen ausgesät hatte, war ich völlig überrascht, dass keine einzige auskeimte. Als ich das Beet genauer untersuchte, fand ich eine exakte Zickzackspur mit Löchern an den Spitzen. Die Mäuse hatten jeden Samen gefressen. Seit damals decke ich frisch gesäte Beete mit einem engen Maschendraht ab, bis die Keimlinge angewachsen sind. Sie können Erbsen- und Bohnensamen auch in Algendünger tränken, dessen Duft die Nager abschreckt, oder stachelige Ilex-Blätter verteilen, aber das ist mir zu unsicher.

Vögel

Vögel fressen weiche Beeren, picken Löcher in junge Kohlblätter und ziehen Zwiebelsetzlinge aus dem Boden. Es gibt zwei Möglichkeiten: Die Vögel abschrecken

Oben Dicke Bohnen schütze ich mit Maschendraht gegen Nager; dicke Steine halten den Draht am Boden.

Rechts Dieses selbst gemachte Gitter hält Schmetterlinge davon ab, ihre Eier auf die Kohlblätter zu legen. Leider hilft es nicht gegen Schnecken.

oder die begehrten Pflanzen abdecken. Spiegelnde oder bewegte Objekte schrecken Vögel ab, allerdings nur, wenn Sie regelmäßig deren Platz wechseln. Ich benutze glänzende Spiralen aus Aluminium, die ich an elastischen Bändern aufhänge. Auch alte CDs oder eine Isolierfolie (aus einem Outdoor-Laden), die ich in Streifen geschnitten habe, geben gute Vogelscheuchen ab. Beide sind sehr leicht und bewegen sich in jeder Brise. Weiteren Schutz liefern Abdeckungen aus Kaninchendraht, feinmaschige Netze oder Vlies, die auch die Schmetterlinge fernhalten. Die vielfach verwendeten Netze aus Plastik oder Baumwolle schätze ich nicht, weil sich die Vögel darin verfangen.

Blattläuse

Schwarze und grüne Blattläuse versammeln sich in Massen auf den jungen Trieben und saugen Pflanzensaft. Obwohl die Pflanzen damit direkt geschädigt werden, liegt die größte Gefahr in der Übertragung von Krankheiten. Beim Zubereiten von Salatblättern mit Blattläusen vergeht mir der Appetit. Decken Sie die Salatpflanzen mit einem Vlies ab; bei Dicken Bohnen werden die Triebspitzen abgeknipst, die ein bevorzugtes Ziel der Schwarzen Blattläuse sind. Artischocken habe ich schon mit einem kräftigen Wasserstrahl von Blattläusen befreit. Unter dem Strich dürften Blattläuse das häufigste Problem in Gärten sein.

Am besten bekämpft man sie mithilfe ihrer natürlichen Feinde: Marienkäfer, Florfliegen, Schwebfliegen und ihren Larven. In einem gesunden Biogarten sollten sie sich von selbst einfinden; Sie können ihnen mit den richtigen Begleitpflanzen und einem Winterquartier aber den Aufenthalt versüßen.

Natürlich gibt es auch Spritzmittel für Gemüse, aber die Auswahl ist begrenzt. Ich verwende keine Spritzmittel. Sollten Sie sich anders entscheiden, halten Sie sich peinlich genau an die Packungsanweisungen – nur für die geeigneten Pflanzen verwenden und die Fristen einhalten. Diese Entscheidung muss jeder selbst treffen, aber ich versuche stets, mein Gemüse mit allen möglichen mechanischen und biologischen Mitteln zu schützen. Ich verliere lieber einen Teil der Ernte, als meiner Familie Pestizide vorzusetzen.

Raupen

Schmetterlinge gehören zu den angenehmen Seiten eines sommerlichen Gartens und die meisten sind sehr willkommen. Sie sind hübsch anzusehen und bestäuben

Oben Alles was glänzt und sich bewegt, schreckt Vögel ab. Diese Spiralen auf elastischen Stäben bewegen sich bei jedem Luftzug.

die Blüten. Leider bleiben sie nicht bei den Blumen, sondern einige Arten suchen gezielt nach Blättern, um darauf ihre Eier abzulegen.

Am unangenehmsten ist der Kohlweißling: Aus seinen Eiern schlüpfen Raupen, die sich mit viel Appetit über die Kohlblätter hermachen und Gerippe aus Blattadern hinterlassen. Versuchen Sie, bereits die Schmetterlinge mit insektendichtem Draht von den Pflanzen fernzuhalten.

Begleitpflanzen

Auf einen Blick

Begleitpflanzen sind auf die Bedürfnisse einer Nachbarpflanze abgestimmt oder locken nützliche Insekten an.

Eine möglichst breite Mischung unterschiedlicher Arten erhöht die Biodiversität und verbessert den Ertrag im Biogarten.

Nützliche Begleitpflanzen sind Kapuzinerkresse, Sumpfblume, Studentenblume und Ringelblume.

Der Vorteil von Begleitpflanzen ist ihr wechselseitiger Nutzen: Die Kombination nützt den Gemüsepflanzen und macht den Garten gesünder und produktiver. Es gibt verschiedene Möglichkeiten, wie man sich mit Begleitpflanzen die Arbeit im Gemüsegarten erleichtern kann. Ganz allgemein geht es darum, unterschiedliche Pflanzentypen miteinander zu mischen. Blütenpflanzen zwischen den Gemüsereihen erhöhen nicht nur die Artenvielfalt, sie verhindern auch, dass spezialisierte Schädlinge ihre „Zielpflanzen" unmittelbar ansteuern können. Natürlich spielen auch ästhetische Kriterien eine wichtige Rolle. Ich versuche immer, schöne Pflanzen auszuwählen, die man auch essen kann – beispielsweise Kapuzinerkresse und Ringelblumen.

Blütenpflanzen locken Insekten in den Gemüsegarten, die Schadinsekten unter Kontrolle bringen können. Marienkäfer, Florfliegen und Schwebfliegen sind natürliche Feinde der Blattläuse und Raupen, parasitische Wespen legen ihre Eier in den Schädlingen ab – ihre Larven fressen die Wirte von innen auf. Sumpfblume, Ringelblume und Schlafmützchen locken nützliche Insekten an und die Ringelblume liefert gleichzeitig hübsche, orangefarbene Blütenblätter für einen knackigen, grünen Salat. Andere Blumen vertreiben die Schädlinge: Die Studentenblume wehrt Weiße Fliegen ab und Blattläuse mögen keinen Schnittlauch. Dabei sind Schnittlauchblätter außerdem hübsche, nach Zwiebeln schmeckende Zutaten für viele Salate und Gerichte, während die Blüten zusammen mit den pfeffrig schmeckenden Blüten der Kapuzinerkresse Salaten mehr Pep verleihen; die Blätter erinnern an den Geschmack von Kresse. Auch diese Begleitpflanzen verdienen ihren Platz im Garten. Ich ziehe die Kapuzinerkresse zwischen den Kürbissen; sie machen sich keine Konkurrenz und sehen zusammen toll aus. Der Duft von Kapuzinerkresse und Studentenblumen vertreibt viele Schädlinge und die Blätter der Kapuzinerkresse lenken die Schwarzen Blattläuse von den Dicken Bohnen ab, auf die sie sich sonst stürzen würden. Der Duft der Frühlingszwiebeln übertönt den Möhrenduft und verwirrt die Möhrenfliege – eine einfache und gut funktionierende Strategie.

Andere Begleitpflanzen verbessern den Boden. Die Bakterien in den Wurzelknöllchen von Erbsen und Bohnen reichern die Erde mit Stickstoffverbindungen an, daher gehören sie ins klassische System einer Fruchtfolge (siehe S. 182), können aber durchaus auch direkt nebeneinander wachsen: Kohl, Zuckermais, Zuckererbsen und Gurken.

Ein reiches Angebot an nektarreichen Blüten lockt auch andere Insekten in den Gemüsegarten, die Erbsen- und Bohnenblüten bestäuben. Ich gebe allerdings zu bedenken, dass die Begleitpflanzen Platz benötigen und dem Boden Wasser und Nährstoffe entziehen. Allzu wüchsige Begleitpflanzen könnten sogar zu Lasten der Nutzpflanzen wachsen. Ich habe einmal den Fehler gemacht, alle meine langen Beete mit Kapuzinerkresse zu säumen. Mir wurde rasch klar, dass sie zu prächtig gediehen und meine Gemüsepflanzen überwucherten – ich musste sie entfernen.

Rechts Kapuzinerkresse und Ringelblumen werden im Frühling gesät. Es sind wunderbare Begleitpflanzen, die noch bis in den Herbst hinein gut wachsen.

Naschbalkon

Auf einen Blick

Kübelpflanzen brauchen mehr Aufmerksamkeit als Freilandpflanzen.

Ohne regelmäßiges Gießen und Düngen gedeihen sie nicht gut.

Wenn der Topf groß genug ist, wachsen alle Pflanzen auch im Gefäß.

Wenn Sie genügend Zeit und Mühe investieren, können Sie alle Pflanzen auch im Kübel ziehen. Mit einigen Pflanzgefäßen lassen sich Balkone und Terrassen in einen hübschen und produktiven Gemüsegarten verwandeln. Allerdings sind Pflanzen in einem Gefäß stark von der Aufmerksamkeit des Gärtners abhängig, denn Wasser und Nährstoffe sind rasch verbraucht und müssen regelmäßig ergänzt werden. In der heißen Jahreszeit müssen Kübel zweimal täglich gegossen werden, damit die Ernte gelingt. Mit einer automatischen Tröpfelbewässerung lässt sich das Wasserproblem allerdings elegant lösen, selbst wenn Sie für ein paar Tage verreisen wollen. Dünger wird in gelöster Form über die Gießkanne zugeführt und gegen die Verdunstung hilft Mulch (Gartenkompost, Kieselsteine oder Folie). Die gute Nachricht: Ist die Wasser- und Düngerversorgung geregelt, bleibt nicht mehr viel zu tun – die Kontrolle auf Schädlinge und Krankheiten ausgenommen. Die Blattläuse hält man mit einigen Begleitpflanzen – Kapuzinerkresse, Studenten- und Ringelblume locken gleichzeitig die Bestäuber an – unter Kontrolle.

Für den Kübel eignen sich vor allem kompakte Sorten. In den Gartenkatalogen wird oft auf Zwergsorten für Balkonkästen und Töpfe hingewiesen.

Es spricht allerdings nichts dagegen, auch Stangenbohnen oder Himbeeren auf Stangenzelten in Töpfen zu ziehen. Das Gleiche ist auch mit Frühkartoffeln, Mangold, Zucchini, Obstbäumen (Ballerina Typ) oder Zwergformen von Dicken Bohnen möglich. Für manche Obstsorten sind Töpfe sogar die bessere Alternative: Blaubeeren brauchen sauren Boden; in kalkhaltigen Gärten wachsen sie in Töpfen mit Ericaceen-Substrat.

Einjährige Gemüse wachsen in normaler Topferde; sie werden 4–6 Wochen nach der Pflanzung mit Flüssigdünger versorgt. Für sehr hungrige Arten, wie Stangenbohnen oder Zucchini, wird die Erde mit Kompost oder gut verrottetem Mist vermischt. Nach der Ernte kommt das Topfsubstrat auf den Komposthaufen. Bei rasch reifendem Gemüse kann der Topf auch ein zweites Mal mit einem anderen Produkt bepflanzt werden.

Obstgehölze oder Stauden, die länger im Topf bleiben, werden anders behandelt: Wählen Sie den größtmöglichen Topf für die Größe der Pflanze und füllen Sie unten schwere Steine ein, damit er nicht umkippt. Dann füllen Sie ein Gemisch aus lehmiger Erde und Topferde zusammen mit einer Handvoll Kieselsteine ein. Diese Mischung hält das Wasser und wird nicht verdichtet. In kalten Regionen muss der Topf im Winter mit Luftfolie umwickelt werden, damit die Wurzeln nicht erfrieren.

Oben links Kirschtomaten sind perfekt für Pflanzgefäße geeignet; sie brauchen regelmäßig Wasser, Dünger und einen sonnigen Standort.

Oben rechts Mit dem richtigen Substrat eignet sich jeder Behälter als Pflanzgefäß. Der einfache Eimer ist preiswert und sieht toll aus.

Unten links Erbsen wachsen gut in Töpfen; die jungen Triebspitzen schmecken gut in einem Sommersalat.

Unten rechts Mit genügend Wasser und regelmäßigen Düngergaben wachsen Erdbeeren hervorragend im Pflanzgefäß. Diese wachsen in einer alten Weinkiste.

Kalender

Es wäre eine feine Sache, ein Kalender die absoluten Zeiten mit den perfekten Aussaat- und Pflanzterminen vorgäbe. Leider ändern sich die Temperaturen und andere Bedingungen von Ort zu Ort und von Jahr zu Jahr. Das Beste, was ich Ihnen anbieten kann, ist eine Tabelle mit Faustregeln – und die Empfehlung, gesunden Menschenverstand walten zu lassen. In der folgenden Tabelle habe ich die wichtigsten Aufgaben nach den Jahreszeiten geordnet. Selbstverständlich kann diese Liste verändert werden. Nur weil die Möhren ab dem zeitigen Frühjahr bis in den Sommer gesät werden können, müssen Sie nicht die gesamte Periode ausnutzen. Säen Sie, wann sie es für richtig halten.

Frühling

Der Frühling ist die aufregendste und arbeitsreichste Jahreszeit im Garten. Die Tage werden länger und wärmer und ich freue mich über die Entschuldigung, im Garten arbeiten zu müssen und die Zeit draußen zu verbringen. Er ist allerdings auch die Zeit, in der ich regelrecht in Panik gerate, weil die Arbeit schier unendlich scheint: Die Beete sind noch nicht gesäubert, gemulcht und zur Bepflanzung vorbereitet. Die Stangen für die Bohnen stehen noch nicht und wie immer gibt es hartnäckige mehrjährige Unkräuter. Den Garten vom Spätwinter bis ins zeitige Frühjahr in Schuss zu bringen, erfordert konzentrierte Arbeit – in der Tat ist es die einzige Phase des Jahres, in der ich mir speziell für den Garten Zeit nehme (was ein echter Luxus ist, denn die anderen Aufgaben müssen ebenfalls erledigt werden). In den paar schönen Tagen mit gutem Wetter bringe ich alles in Ordnung. Damit spare ich viel Zeit für später, wenn ich vielleicht nur 15 Minuten Zeit habe, um die letzten Setzlinge einzupflanzen. Außerdem tröste ich mich immer mit dem Gedanken, wie viel mehr Zeit ich investieren müsste, wenn ich mein Gemüse komplett aus Samen ziehen würde. Diese Arbeit übernehmen fleißige Gärtner und liefern mir die benötigten Pflanzen zur richtigen Zeit an.

Zeitiges Frühjahr

DIREKTSAAT INS BEET
Dicke Bohnen
Möhren
Topinambur
Kartoffeln
Radieschen
Erbsen
Salatzwiebeln
Schalotten
Kapuzinerkresse und Ringelblume

EINPFLANZEN
Sommer- und Herbstkohl
Artischocken
Steckzwiebeln
Frühkartoffeln
Obstgehölze im Pflanzgefäß

ANDERE AUFGABEN UND TIPPS
❧ Der jährliche Mulch! Mulchen Sie die gesamte Fläche und um alle Mehrjährigen mit Gartenkompost; außer das Beet für die Möhren.
❧ Wenn Sie Spargel pflanzen wollen, machen Sie das Beet fertig (siehe S. 97–99).
❧ Entfernen Sie alles, was auf den Beeten liegen geblieben ist und jäten Sie gründlich.
❧ Besorgen Sie sich Stützen für die Erbsen (Zweige).
❧ Stellen Sie die Bohnenstangen auf.
❧ Kartoffeln vorkeimen.
❧ Obstgehölze beschneiden.
❧ Säubern Sie die Erdbeerbeete und breiten Sie Stroh als Mulch aus.

Spätfrühling

DIREKTSAAT INS BEET
Möhren
Zucchini und Eierkürbis
Kopfsalat
Steckzwiebeln
Erbsen
Kartoffeln
Radieschen
Stangenbohnen
Blattsalat

EINPFLANZEN
Spargel
Knollensellerie
Weiß-, Rotkohl
Porree
Blattmangold
Stielmangold
Artischocken
Zucchini

ANDERE AUFGABEN UND TIPPS
⁂ Knipsen Sie die Spitzen der Dicken Bohnen ab, um keine Blattläuse anzulocken.
⁂ Hacken Sie um die Zwiebeln und Möhren.
⁂ Häufeln Sie die Kartoffeln auf, wenn Sie sich nicht an die pflegeleichten Methoden halten (siehe S. 73–77).
⁂ Halten Sie Vlies bereit, um es zum Schutz gegen Spätfröste über die Jungpflanzen auszubreiten.

Sommer

Jetzt sind die meisten Arbeiten getan; kümmern Sie sich verstärkt um das Unkraut. Gießen Sie, wenn es nötig wird und ernten Sie die ersten köstlichen Früchte Ihrer Arbeit. Die Pflanzen im Garten sollten inzwischen prächtig wachsen, und die Beete scheinen aus den Nähten zu platzen.

Frühsommer

DIREKTSAAT INS BEET
Rote Bete
Borlotti-Bohnen
Möhren
Buschbohnen
Radieschen
Erbsen
Stangenbohnen
Blattsalate
Frühlingszwiebeln
Zuckermais

EINPFLANZEN
Zucchini und Eierkürbis
Kürbis
Zuckermais
Tomaten
Paprika und Chili
Auberginen

ANDERE AUFGABEN UND TIPPS
⁂ Hacken Sie um die Zwiebeln und Möhren.
⁂ Mulchen Sie mit Grasschnitt, wo das möglich ist.

Spätsommer

DIREKTSAAT INS BEET
Blattsalat
Wintersalate, Mischungen mit Pak Choi, Mizuna, Komatsuna und Radicchio
Radieschen
Winterharte Frühlingszwiebeln

EINPFLANZEN
Weiß-, Rotkohl

ANDERE AUFGABEN UND TIPPS
⁂ Einige Zucchinipflanzen sind vermutlich von Mehltau befallen (mehlige Substanz auf den Blättern). Keine Panik, entfernen Sie die Blätter und vernichten Sie sie.
⁂ Hacken und mulchen Sie, um das Unkraut klein zu halten.

Herbst

Die Zeit im Garten wird nun sehr viel relaxter. Noch immer liefern einige Pflanzen reiche Ernte. Die leuchtenden Kürbisse fallen in den kahler werdenden Beeten nun viel stärker ins Auge. Das leuchtende, kräftige Grün des Sommers beginnt zu verwelken, die Farben werden weicher.

Frühherbst

DIREKTSAAT INS BEET
Wintersalate

EINPFLANZEN
Frühlingskohl

ANDERE AUFGABEN UND TIPPS
❧ Pflanzen Sie Rhabarber; die Pflanzen sind allerdings auch im Frühling lieferbar.
❧ Breiten Sie ein Vlies über den Wintersalat aus, wenn es erforderlich ist.

Spätherbst

DIREKTSAAT INS BEET
Dicke Bohnen
Knoblauch
Schalotten

EINPFLANZEN
Obstgehölze mit nackten
Wurzeln
Rhabarber
Erdbeeren

ANDERE AUFGABEN UND TIPPS
❧ Sammeln Sie Blätter für Laubkompost.
❧ Beschneiden Sie die Brombeeren.
❧ Schützen Sie Knollensellerie und Artischocken mit einer dicken Lage Stroh-Mulch oder einem Vlies.

Winter

Bei guter Planung und in einem milden Klima sollten Sie selbst in den kältesten Monaten immer noch einige Produkte ernten können. Ich empfinde es als Triumph, wenn sich in der kalten Jahreszeit noch ein paar Porreestangen oder das frische Grün von Knoblauch zeigen.

Frühwinter

DIREKTSAAT INS BEET
Dicke Bohnen

EINPFLANZEN
Knoblauch
Zwiebeln
Schalotten

ANDERE AUFGABEN UND TIPPS
❧ Räumen Sie den Gemüsegarten ordentlich auf.
❧ Bauen Sie neue Beete für die Bepflanzung im Frühling.

Spätwinter

DIREKTSAAT INS BEET
Dicke Bohnen

EINPFLANZEN
Topinambur
Schalotten
Zwiebeln
Knoblauch

ANDERE AUFGABEN
❧ Stülpen Sie einen alten Mülleimer oder ein anderes lichtdichtes Gefäß über den Rhabarber, um ihn zum Treiben zu bringen.
❧ Stellen Sie eine Liste für das nächste Jahr zusammen und bestellen Sie die Pflanzen.

Der pflegeleichte Gemüsegarten

Neben der Bodenbearbeitung und der Pflege der Pflanzen fallen auch im pflegeleichten Garten zusätzliche Arbeiten an, um ihn zu einem großartigen Gemüsegarten zu machen. Einige Aufgaben, wie die Arbeit am Komposthaufen, sind unverzichtbar, andere dienen eher dem Spaß. Auch ein pflegeleichter Gemüsegarten soll Spaß machen. Ob bewusst oder als Notlösung geplant: Machen Sie Ihren pflegeleichten Gemüsegarten zu einem angenehmen Ort, an dem Sie sich gerne aufhalten und Zeit verbringen. In diesem Kapitel finden Sie einige Tipps, wie Sie den Gemüsegarten effektiv und angenehm gestalten, denn die Freude an und im Garten sollte das eigentliche Ziel jedes Gärtners sein.

Kompost leicht gemacht

Auf einen Blick

Auf den Kompost gehören frische grüne und gröbere, braune Stücke in wechselnden Schichten.

Schichten Sie nie zu viel von einem einzigen Material auf – maximal 15 cm.

Halten Sie den Kompost warm; abdecken.

Das Abdecken hält auch die Feuchtigkeit im Kompost zurück; wenn er zum Austrocknen neigt, geben Sie mehr grüne Pflanzenteile dazu.

Wenn der Haufen zu nass wird, fügen Sie zerrissenes Zeitungspapier oder grobe Pflanzenstücke dazu und bauen Sie ein Regendach.

Ein Komposthaufen gehört in jeden Garten, umso mehr in einen pflegeleichten Gemüsegarten (siehe S. 166). Gartenkompost ist eine wertvolle Zutat, um den Boden zu verbessern und ihm die Nährstoffe zurückzugeben. Kompost zu machen ist nicht schwer: Das Rohmaterial fällt ohnehin bei der Gartenarbeit an, es kostet nichts und das Endprodukt stellt sich ohne größeren Arbeitsaufwand ein. Kompost hält die Feuchtigkeit im Boden fest, durchlüftet ihn, öffnet damit dem Wasser den Weg durch die Bodenteilchen, verbessert die Wurzelumgebung und dient vielen nützlichen Bodenorganismen als Nahrung. Gartenkompost steht nicht nur immer und preiswert zur Verfügung, er ist auch besonders wirkungsvoll, weil er dem Boden nicht nur Nährstoffe, sondern auch Spurenelemente zuführt. In einem warmen Sommer ist ein „heißer" Kompost (siehe S. 200) in drei bis vier Monaten reif.

Noch eine Bemerkung zu dem, was Sie erwartet: Kompost ist grob und gleicht nur selten dem tollen, dunkelbraunen Material, das in Büchern abgebildet wird. Außerdem enthält er immer Material, das zurück auf den Haufen muss. Wie immer der Kompost auch aussehen mag, er ist ein wertvolles Material, das Ihrem Boden guttut.

Was kann kompostiert werden?

Grüner Gartenabfall (mit Ausnahme von Pflanzenteilen, die Anzeichen einer Krankheit oder von Pilzbefall zeigen; weder Viren noch Pilzsporen werden durch die Kompostierung zerstört)

Küchenabfälle (außer gekochtem Material, tierischen und Milch-Produkten)

Grasschnitt

Blätter (noch besser als Laubkompost, siehe S. 201). Einjährige Unkräuter und Brennnesseln (ohne Samenstände)

Teebeutel und Kaffeesatz

Geschreddertes Holz (nicht geschreddertes Material verrottet nur sehr langsam)

Mist

Eierkartons, Zeitungen und Pappe (ohne Kunststoffaufkleber)

Was darf nicht kompostiert werden?

Kranke Pflanzenteile, denn die Krankheit könnte aus dem Kompost in die Beete übertragen werden und Pflanzen befallen.

Unkräuter, die bereits Samen gebildet haben und Wurzelstöcke von Unkräutern wie Zaunwinde, Kriechender Hahnenfuß oder Giersch. Samen werden durch die Kompostierung nicht zerstört und gelangen mit dem Kompost zurück in die Beete. Wenn Sie ganz sicher gehen möchten, werfen Sie die Unkräuter in einen verschlossenen schwarzen Plastiksack oder einen Eimer Wasser und lassen sie mehrere Monate lang verrotten. Wenn sie dann mehr oder weniger matschig geworden sind, dürfen sie auf den Kompost.

Tierkot

Worin kompostieren?

Die Auswahl richtet sich nach dem Platz und dem Budget.

Schnellkomposter

Für einen sehr kleinen Garten dürfen es fertige Kompostkästen aus Plastik sein. Sie werden in Baumärkten oder Gartencentern angeboten, sind preiswert, leicht und wartungsfrei. Allerdings sollten auch solche Kästen mindestens 200 Liter fassen. In kleineren Komposthaufen läuft die Verrottung nicht so effektiv ab. Achten Sie auf Modelle mit einer Entnahmeklappe, um den fertigen Kompost zu entnehmen.

Kompostkästen aus Holz

Ein Kompostkasten aus Holz ist ideal, sofern ausreichend Platz vorhanden ist. Auch hier bietet der Fachhandel unterschiedliche Modelle an. Stellen Sie mindestens zwei solche Kästen auf – einer wird beladen, in dem anderen findet die Verrottung statt. Handwerklich geschickte Gärtner bauen die Kompostkästen selbst. Eine preiswerte Alternative sind alte Paletten, die mit Draht aneinander oder an Pfosten befestigt werden. Eine der

Oben Dieser Kompostkasten wurde aus alten Paletten zusammengebaut. Er ist ein wunderbares Beispiel für Recycling und der Kompost wird genauso gut wie in einem teuren, gekauften Modell.

Seiten sollte sich öffnen lassen, um den fertigen Kompost zu entnehmen. Legen Sie eine Plane darüber, damit weder Wärme noch Feuchtigkeit entweichen kann.

Offener Haufen

Meine ersten Versuche waren offene Komposthaufen – Sammelstellen in der Ecke des Gartens. An dieser Methode ist nichts verkehrt, solange die Haufen regelmäßig gewendet werden. Sie brauchen keinerlei Hilfsmittel, aber die Arbeit beim Umwenden ist wirklich anstrengend und die Verrottung dauert relativ lange.

Links Das System aus drei Kompostkästen ist purer Luxus: Einer wird frisch befüllt, im zweiten reift der Kompost und der dritte liefert reifen Kompost für den Garten.

Kompost sammeln

Der Schlüssel zum Erfolg ist die schichtweise Lagerung von Material mit unterschiedlichen Eigenschaften – die einzelnen Schichten dürfen nicht zu dick werden. Tatsächlich erfüllt sich diese Anforderung meist von selbst, denn im Garten fallen sehr unterschiedliche Materialien an. Daher ist es auch nicht kompliziert, gleiche Anteile von stickstoff- und kohlenstoffreichem Material einzulagern. Achten Sie nur darauf, grünes Material (Gras, Pflanzen und Schalen aus der Küche – Stickstoff) und gröberes Material (verwelkte Blätter, Holzschnipsel und Zeitungen – Kohlenstoff) gut zu mischen. Im Idealfall folgt auf eine grüne, immer eine braune Schicht, damit der Kompost gut durchlüftet bleibt und das Wasser zirkulieren kann. Lagern Sie nie zu viel grünes Material, vor allem Grasschnitt, aufeinander: Es wird zu einer schleimigen Schicht verfaulen. Vermischen Sie größere Mengen grüner Pflanzenabfälle stets mit Pappe oder Zeitungen (mit der Hand zerkleinern). Versuchen Sie, wann immer möglich, das Material zu zerkleinern, bevor es auf den Kompost kommt, damit sich den Mikroorganismen möglichst viele Oberflächen bieten.

Problemlösungen

Wenn der Kompost schleimig wird und stinkt, ist die Durchlüftung schlecht. Mischen Sie den Resten Stroh, zerkleinerte Pappe, Zeitungen oder Aststücke unter. Achten Sie darauf, dass Wasser unten gut abfließen kann und decken Sie den Kompost mit einer Plane ab. Wenn das Material nicht verrotten will, ist der Haufen vermutlich zu trocken. Schaufeln Sie alles wieder raus und mischen Sie reichlich grünen Pflanzenabfall unter. Dann kommt alles zurück in den Kompostkasten. Auch ein gelegentlicher Guss aus der Gießkanne kann nicht schaden.

Ein „heißer" Kompost

In einem heißen Kompost läuft der Verrottungsprozess schneller ab, manchmal innerhalb von drei Monaten. Eine längere Verrottung verbessert allerdings den Kompost. Füllen Sie einen Kompostkasten in einem einzigen Durchgang mit abwechselnd grünen und braunen Schichten (15 cm) komplett auf, fügen Sie Stroh und zerrissene Zeitungen bei und decken alles mit einer Plane ab, um die Wärme und Feuchtigkeit zu halten.

Wurmkompost

Ein hungriger Regenwurm frisst täglich sein eigenes Körpergewicht an Küchenabfällen und hinterlässt wunderbaren Kompost. In einem Wurmkompost werden die Abfälle schneller kompostiert als in einem üblichen Haufen. Spezielle Wurmkästen und ihre Bewohner bekommt man in Fachgeschäften oder über das Internet. Die Kästen werden gut verschlossen, damit sich keine Tiere an den Würmern bedienen. Bis auf Zwiebeln und Zitrusfrüchten verarbeiten Kompostwürmer alle pflanzlichen Grundstoffe. Sie können täglich Pflanzen nachfüllen und müssen nur die Flüssigkeit abtropfen lassen.

Laubkompost

In fast allen Gärten fällt im Herbst Laub an. Ich bin immer wieder erstaunt, wie viele Menschen dieses Laub zusammenkehren und entsorgen, statt es in den besten Bodenverbesserer zu verwandeln, den ich kenne; der Arbeitsaufwand ist minimal. Nur in Gärten, in denen sehr wenig Laub anfällt, gehören die Blätter auf den Kompost.

Verrottetes Laub enthält nur wenige Nährstoffe, verbessert aber die Bodenstruktur. Die wunderbar krümelige Konsistenz von Laubhumus tut sowohl schweren als auch leichten Böden gut: Er öffnet Poren in schweren, tonigen Böden und sorgt in sandigen Böden für eine bessere Wasserspeicherung. Als Mulch kann Laubhumus das ganze Jahr in dicker Schicht verteilt werden, um den Unkrautwuchs zu hemmen.

Die Herstellung ist bestechend einfach: Füllen Sie das anfallende Laub in schwarze Plastiksäcke, binden Sie sie zu und machen ein paar Löcher hinein. Die Säcke verstecken sie irgendwo in einer Gartenecke. Es dauert ein Jahr, bis die Blätter verrottet sind, manchmal auch zwei. Durch längere Lagerung wird die Textur feiner. Bei der professionellen Herstellung werden die Blätter vor-

Auf einen Blick
Wunderbar für den Boden und als Mulch.

Sammeln Sie das Herbstlaub und lassen es in schwarzen, durchlöcherten Säcken oder in einem Kasten aus Maschendraht für mindestens ein Jahr reifen.

her mechanisch zerkleinert. Wenn Sie sich diese Mühe machen wollen, fegen Sie die Blätter auf einen Haufen und fahren mit dem Rasenmäher darüber. Mir ist das zu viel Aufwand; ich plädiere für den schwarzen Sack. Es dauert etwas länger, ist aber einfacher, sauberer und mit weniger Aufwand verbunden.

In größeren Gärten können die Blätter in einer Maschendrahtkiste gesammelt werden – an vier stabile Pfosten genagelter Maschendraht.

Links Eine solche Maschendrahtkiste ist in einer Stunde aus Draht und Pfosten zusammengenagelt. Hier können Sie Laubkompost im großen Maßstab herstellen.

Wichtige Werkzeuge

Einige Gartenwerkzeuge haben sich seit Jahrhunderten nicht verändert, andere sind glänzende Neuheiten mit spektakulären und unwiderstehlichen Vorteilen. Im pflegeleichten Garten kommt man mit wenigen bewährten Geräten aus. Je kleiner der Werkzeugpark ist, desto leichter lässt er sich pflegen und verstauen. Kaufen Sie stets das beste Werkzeug – es wird Ihnen viele Jahre lang gute Dienste leisten. Manchmal bekommt man besonderes Werkzeug gebraucht zu kaufen, das mit der glänzenden Patina des Alters lockt und seine Aufgaben noch bestens erfüllt. Schauen Sie sich stets die Holzteile genauer an, vor allem an der Verbindungsstelle zum Metall; achten Sie auf Beschädigungen und Holzwürmer. Ein Plastikhandgriff ist zwar leichter, liegt aber nicht so gut in der Hand.

Nehmen Sie jedes Werkzeug vor dem Kauf in die Hand. Größe und Gewicht okay? Dann wird Ihnen die Arbeit leicht fallen.

Handschaufel

Eine einfache Handschaufel ist beim Jäten, Pflanzen, der Ernte oder kleinen Arbeiten im Beet hilfreich. Hier würde ich allerdings eine Ausnahme von der Regel „Kaufen Sie stets das Beste" empfehlen, denn nach meiner Erfahrung gehen Handschaufeln ständig verloren und tauchen erst nach Monaten im Komposthaufen oder zwischen den Blättern eines Beetes wieder auf. Es hat mir auch nicht geholfen, den Griff mit Leuchtfarbe anzustreichen – ich habe stets zwei preiswerte Schaufeln zur Hand, für alle Fälle.

Leichte Grabgabel

Zum Graben oder um Mulch auf die Beete verteilen.

Spaten

Um Kompost auszugraben und auf den Beeten zu verteilen.

Schubkarre

Unverzichtbar, um alles Mögliche hin und her zu transportieren.

Plastikwannen

Ich benutze Plastikwannen dauernd, um Unkraut und Material von den Beeten einzusammeln, zum Ausstreuen von Mulch und Kompost (beim Schütten den Rand zusammendrücken).

Spannschnur

In kleinen Beeten reicht vielleicht ein Bambusstab oder das Augenmaß, aber um eine längere Reihe gerade hinzubekommen, brauchen Sie eine Spannschnur. Am besten eignen sich bunt geflochtene, stabile Schnüre und ein paar Pflöcke.

Hacke

Es gibt zwei Typen von Hacken, Stoß- und Ziehhacken. Beide eignen sich zum Abschneiden von Unkraut, bevor es richtig anwächst und mit beiden kann man zwischen den Reihen arbeiten. Letztlich ist es eine Frage des persönlichen Geschmacks. Wenn Sie keine Präferenzen haben, empfehle ich eine Stoßhacke.

Gießkanne

Es gibt Metall- und Plastikgießkannen. Die Plastikkannen sind leichter, billiger und die meisten haben eine eingeprägte Litereinteilung – hilfreich beim Mischen von Düngerlösungen. Berücksichtigen Sie beim Kauf, wie schwer die gefüllte Kanne sein wird: Eine größere Kanne spart vielleicht Zeit, ist aber viel schwerer zu schleppen.

Ast- und Gartenschere

Wird gebraucht, um Zweige und Triebe abzuschneiden, natürlich auch zur Ernte.

Altes Küchenmesser

Es gibt spezielle Gartenmesser, aber ich komme mit einem alten Küchenmesser ganz gut zurecht. Damit schneide ich Ranken ab, ernte Zucchini oder schneide die Blätter vom Rhabarber ab.

Rechts Heben Sie die wichtigsten Geräte in einem stabilen Korb auf, statt sie überall im Schuppen zu verteilen.

Handschuhe

Beim Schneiden von stacheligen Gehölzern oder dem Entfernen von Disteln kommen Sie nicht ohne stabile Handschuhe aus Leder oder dickem Gummi aus. Dünne Handschuhe aus Gummi oder Latex sind besser für die Feinarbeiten geeignet. Die Handschuhe für Bauarbeiten erfüllen ihre Aufgabe auch im Garten bestens und sind meist preiswerter.

Setzholz

Sie brauchen ein Setzholz, um Löcher für große Samen in den Boden zu drücken oder Porree und andere Pflanzen umzusetzen. Früher verarbeitete man abgebrochene Spatenstiele zu Setzhölzern, aber ein Besenstiel erfüllt denselben Zweck. Eine Längenmarkierung ist hilfreich, wenn Sie eine bestimmte Tiefe einhalten möchten.

Rechts Mit einem Setzholz mit Tiefenmarkierungen bringen Sie Samen, Porree und Steckzwiebeln in die richtige Tiefe.

Werkzeug aufbewahren

Stellen Sie sich vor, Sie haben 15 Minuten Zeit und müssen 5 Minuten lang nach dem passenden Werkzeug suchen – verschenkte Zeit und frustrierend. Legen Sie die wichtigsten Geräte zusammen in einen Korb oder eine Werkzeugkiste, die Sie griffbereit neben die Tür zum Garten oder in den Gartenschuppen stellen. Ob die Kiste aus Plastik, Stoff oder in meinem Fall ein Spankorb ist, spielt dabei keine Rolle. Auf dem Weg in den Garten greife ich mir den Korb und habe alles zusammen, was ich brauche:

- Handschaufel
- Gartenschere
- Messer
- Schnur
- Markierungsschildchen
- Wasserdichter Stift
- Setzholz
- Handschuhe

Was sonst noch?

Halten Sie folgende Teile für Frost und Schädlinge griffbereit.

Vlies

Das leichte, weiße Gartenvlies kann locker über dem Gemüse ausgebreitet werden, um es vor Frost und Schädlingen zu schützen. Im Frühling hilft es dabei, den Boden schneller aufzuwärmen. Es wird zwar rasch schmutzig, hält aber mehrere Jahre.

Kaninchendraht

Aus dem engmaschigen Draht lassen sich Abdeckungen bauen, um Nager von den Erbsen- und Bohnensamen und Vögel und Schmetterlinge vom Kohl fernzuhalten.

Insektennetze

Die sehr feinmaschigen Netze halten Insekten fern. Sie sind teurer als Vlies, aber mehrere Jahre lang haltbar. Außerdem zirkuliert die Luft besser als unter dem Vlies.

Plastikflaschen

Sie werden wie Mini-Gewächshäuser über Jungpflanzen gestülpt, um sie vor Schneckenfraß zu schützen.

Saatkompost

Zum Säen sehr kleiner Samen.

Gartenparadies

Es erfordert nicht viel Aufwand, einen schönen Gemüsegarten mit einigen Annehmlichkeiten auszustatten. In einem Garten sollte man sich auch dann noch wohlfühlen, wenn dringende Arbeiten warten. Sitzplätze und hübsche Accessoires sparen zwar keine Zeit, sorgen aber für enorme Motivation. In einem ästhetisch ansprechenden Garten macht sogar die regelmäßige Schufterei Spaß. Ich fühle mich jedenfalls großartig, wenn ich einfach nur durch den Garten spaziere und ihn auf mich wirken lasse. Vermutlich würden sich nicht viele Gärtner von einem unordentlichen Chaos in den Beeten inspirieren lassen – sei die Ernte auch noch so gut. Wie und womit Sie Ihren Gemüsegarten in ein persönliches Paradies verwandeln, bleibt ganz Ihnen überlassen.

Dabei kommt es nicht so sehr auf Geld, sondern vor allem auf gute Planung an. Wenn Sie „nur" Wert auf einen gepflegten Nutzgarten legen, reicht eine hübsche Bank zum Ausruhen. Steht Ihnen der Sinn nach mehr, gestalten Sie ein paar notwendige Einrichtungen als hübsche Objekte: attraktive Obelisken statt einfacher Stangenzelte, hübsche Schilder statt Plastikstreifen. Mancher Gärtner findet einfache Haselnussstangen für die Bohnen oder eine verbeulte Gießkanne genau richtig für seinen rustikalen Gemüsegarten, anderen steht vielleicht der Sinn mehr nach einem stylischen Garten

mit Edelstahlbändern als Beetbegrenzung und klaren Linien. Ein gutes Aussehen wird umso wichtiger, wenn der Gemüsegarten vom Haus aus sichtbar ist.

Die Hauptaufgabe eines Gemüsegartens ist ganz unbestreitbar die Produktivität, aber ich plädiere dazu, ihn mit ein paar Zutaten ästhetisch aufzuwerten. Damit wird der Garten zu einem Ort, an dem man sich gerne aufhält. Außerdem fällt jede Arbeit in einem ganz persönlichen Stückchen vom Paradies viel leichter.

Oben Wenn alles andere grün ist, sorgen die bunten Blüten der Wicken für etwas Farbe.

Links Zwischen den Schnittblumen für die Vase wirkt der Zuckermais fast wie eine Zierpflanze.

Rechts Ein Gemüsegarten muss nicht nur praktisch sein. Dieser einfache Spiegelball verleiht ihm das Flair innerer Ruhe.

Attraktive Beete

Nutzpflanzen in geraden Reihe bieten gewisse Vorteile aber warum sollten Sie nicht unter ästhetischen Kriterien gestaltet werden? Weben Sie aus Nutz- und Zierpflanzen einen bunten Teppich aus Farben und Formen. Besonders vielfältig in dieser Hinsicht sind die Blattsalate: Kombinieren Sie beispielsweise die krausblättrige, rote Sorte 'Sentry' in wechselnden Reihen oder Blöcken mit der aufrechten, leuchtend grünen Sorte 'Pinokkio'.

Die fein zerteilten Möhrenblätter bilden einen hübschen Kontrast zu den strengeren Zwiebelblättern – und die Möhrenfliege wird verwirrt. Setzen Sie in kleinen Beeten Pflanzen als natürliche Begrenzungen ein: Blattmangold wächst hervorragend und rahmt das Beet die ganze Vegetationsperiode lang ein; Alternativen wären Petersilie, Schnittlauch, Frühlingszwiebeln, Radieschen oder Rote Bete.

Schließlich sorgen die bunten Blüten der Begleitpflanzen für anregende Farbtupfer im dominierenden Grün des Gemüses. Das grelle Orange der Ringelblumen wirkt neben Rotkohl oder dem 'Black Tuscany' Grünkohl fast wie ein Schock; dasselbe gilt für die leuchtend roten Blüten der Kapuzinerkresse zwischen blaugrünem Porree. Sogar einige Gemüsesorten zeichnen sich durch aufregende Farben aus: Mangold 'Northern Light', die Buschbohnen 'Cobra' mit hübschen lila Blüten oder die scharlachrot gezeichneten Hülsen der Borlotti-Bohnen machen jedes Gemüsebeet zu einem Fest für das Auge.

Unten Kontrastierende Blattfarben und Wuchsformen machen Salate zu Kandidaten für Mosaike im Beet.

Unten links Gegen die leuchtenden Blüten der Ringelblume wird sich der Rotkohl prachtvoll absetzen.

Unten rechts Reihen von Frühlingszwiebeln bilden wunderschöne Beetbegrenzungen.

Höhe

Ein Gemüsegarten braucht die dritte Dimension, wie die Stützen für Bohnen, Wicken oder Gurken als Gestaltungselement. Sie lenken den Blick in die Höhe, setzen Akzente und sparen Platz. Die „Höhe" beginnt mit einfachen Stangenzelten, bietet aber fast unbegrenzte Möglichkeiten: von Kletterpflanzen, die über Bögen und Tore über den Wegen wachsen bis zu kunstvollen Obelisken. Natürlich können Sie sich Obelisken kaufen, doch auch alte, nicht mehr gebrauchte Gartengeräte, oder ein selbst gebauter, kurioser, bunt angestrichener Obelisk aus gehobelten Holzstäben hat einen ganz eigenen Reiz. Solche Objekte kosten nicht viel – außer Fantasie und Kreativität. Ich selbst baue aber nicht nur „Ad-hoc-Objekte", sondern benutze auch gespannte Seile aus synthetischem Material als Unterstützung für meine Kletterpflanzen – sieht natürlich aus und hält jahrelang.

Hochstämme oder Obstgehölze vom Ballerina-Typ sorgen als natürliche Gewächse für Höhe. Lorbeerbäumchen waren schon in den klassischen Gärten beliebt, im kleinen Gemüsegarten sind Stachelbeer-Hochstämmchen angemessener. Die Kronen der Ballerina-Gehölze auf einem Hochstamm werden nicht größer als 2 m und brauchen nicht beschnitten zu werden. Es sind produktive, hübsche und dabei platzsparende Sorten.

Oben Auch eine praktische Stütze, hier für Gurken, kann als Blickpunkt gestaltet werden.

Unten Die Lorbeerhochstämmchen und formalen Obelisken geben diesem hübschen Garten Höhe und Struktur.

Schnittblumen

Obwohl in meinem Ziergarten viele Stauden blühen, konnte ich mich nie entschließen, auch nur eine davon für die Vase abzuschneiden. Also habe ich bei der ersten Erweiterung des Gemüsegartens auch ein Beet mit Schnittblumen eingeplant. Meine Lieblingsblumen – Wicken – wuchsen schon immer zwischen dem Gemüse, jetzt pflanzte ich auch Dahlien, Montbretien und Gladiolen in leuchtend bunten Farben, die nicht in meinem Blumengarten wachsen. Bis auf gelegentliches Mulchen erwiesen sich die Blumen als außerordentlich pflegeleicht: Ich konnte Blumen für die Wohnung schneiden und hatte auch genug für Sträuße als Gastgeschenke. Inzwischen gefallen sie mir so gut, dass ich wieder Probleme damit habe, sie abzuschneiden. Allerdings sollten Sie unbedingt vermeiden, sehr wüchsige Zierpflanzen auszuwählen, die sich in den Gemüsebeeten ausbreiten könnten.

Wicken

Wicken sind feste Bestandteile meines Gemüsegartens. Sie wachsen an einfachen Stützen oder zwischen den Stangenbohnen und schmücken den Garten mit ihrem köstlichen Duft – meine Tochter sagt: „Der Duft des Sommers".

Wicken locken zwar Bestäuber in den Garten, aber ich finde vor allem ihren Duft und die hübschen Blüten unwiderstehlich. Der Schnitt ist kein Problem – tatsächlich bilden sie nur neue Blüten, wenn die alten abgeschnitten werden. Wicken gedeihen auf guten Gartenböden und sind in vielen Farbtönen erhältlich. Ich säe sie nicht aus, sondern kaufe vorgezogene Pflanzen spezifischer Sorten im Frühling. Schon ein kleiner Strauß erfüllt das Zimmer mit Duft.

Dahlien

Dahlien sind lange haltbare Schnittblumen in vielen Formen, Farben und Größen: riesige Pompon-, stachelige
Kaktusdahlien bis zu den einfachen Sorten in leuchten-
dem Rosa, Gelb, Mahagoni oder Limonengrün. Dahlien
brauchen gute Böden und machen nur selten Probleme.
Die Knollen müssen allerdings im Herbst ausgegraben
und trocken und frostfrei überwintert werden.

Montbretien

Von den frischen, grasartigen Blättern im Frühling bis zu
den Blüten im Hoch- bis Spätsommer sind Montbretien
eine verlässliche Zier meines Gartens. Die Blüten sind
orange, gelb oder rot und bleiben auch in der Vase lange haltbar; Winterschutz in kalten Regionen.

Gladiolen

Gladiolen werden als Knollen gepflanzt und wachsen zu
stattlichen Blumen mit schwertförmigen Blättern und
riesigen Blütenständen heran. Die Blütenfarben reichen
von fast Schwarz bis zu Limonengrün. Die Knollen sind
nicht winterhart, selbst die „winterharten" Sorten sollten zur Sicherheit geschützt werden.

Im Uhrzeigersinn von oben rechts Dahlia 'Fireball', Montbretie
'Walberton Yellow', Dahlia 'Don Hill', Gladiole 'Green Goddess'
mit roten Dahlien.

Kleinigkeiten hübsch gestalten

Viele notwendige Dinge im Garten lassen sich bestens „aufhübschen". Damit wirken die Beete schöner und interessanter, ohne dass Sie viel Geld investieren müssten. Zur Kennzeichnung der Sorten im Beet brauchen Sie Schildchen. Die einfachen Plastikschildchen sind unschön und verschwinden bald unter den Blättern. Viel praktischer und schöner sind Holzleisten; sie werden farbig angestrichen und der Sortenname mit wasserdichtem Filzstift aufgeschrieben. Zum gleichen Zweck verwende ich auch leuchtend bunte Plastikflaschen.

Auch Vogelscheuchen bieten ein weites Feld für kreative Ideen. Ich schneide spiegelnde Aluminiumplatten zu Streifen und drehe sie zu einer Schraube auf. An einem Stecken bewegen sie sich und schrecken die Vögel ab. Dieselbe Wirkung erziele ich mit alten CDs, die auf Schnüre aufgezogen werden. Vogelscheuchen sind wie gut sichtbare Visitenkarten, auch wenn ich an ihrer langfristigen Wirkung zweifle.

Tatsächlich muss ich zugeben, dass ich sogar meine wunderbare Gießkanne aus Aluminium eher wegen ihres schönen Aussehens ausgewählt habe. Sie ist riesig und sieht toll aus, wenn sie im Garten steht. Von meinem Großvater (und meinem Vater) habe ich offenbar die Neigung geerbt, alte Sachen aufzuheben – der Korb, in dem ich meine Werkzeuge aufbewahre, stammt noch

von meinem Großvater. Es macht einfach Spaß, mit ihm herumzulaufen. Auch mit hübschen Abdeckungen, Rahmen oder alten Krügen zum Treiben von Rhabarber setzen Sie ein Zeichen. Wenn Ihnen nichts an solchen „Verzierungen" liegt, auch gut.

Für mich und viele andere Gärtner gehören solche kleinen Highlights aber einfach zum Garten hinzu.

Oben Hübsch bemalte Holzleisten geben praktische und attraktive Namensschilder ab.

Rechts Ich recycle gerne; solche Plastikflaschen geben interessante Namensschilder ab und sind praktisch zugleich.

Ganz rechts Diese aus einem Metallstreifen geschnittene und zur Schraube gedrehte Vogelscheuche erfüllt ihren Zweck bestens.

Entspannung nach der Arbeit

In jeden Gemüsegarten gehört mindestens ein Sitzplatz. Hier kann man sich nach der Arbeit ausruhen, sich darüber freuen, was man geschafft hat und das weitere Vorgehen planen. Obwohl ich andere Möglichkeiten habe, sitze ich sehr gerne im Gemüsegarten. In einen Nutzgarten passen am besten robuste Möbel aus naturbelassenem Holz, während sie im modernistischen Gärten, deren Beete mit Edelstahl gesäumt sind, deplaziert wirken. Denken Sie daran, dass die Möbel auch von schmutzigen Gärtnern benutzt werden. Die Bespannung meiner Liegestühle wird jedenfalls regelmäßig schmutzig.

Wenn es der Platz erlaubt, ist ein Grill- und Essplatz eine wunderbare Ergänzung des Gemüsegartens. Dort können Sie das frisch geerntete Gemüse genießen – frischer geht's wirklich nicht! Natürlich tut es auch ein einfacher Grill, aber ich habe einen offenen Steinofen, in

dem wir grillen oder Pizza backen können. Hier werden die Produkte des Gartens direkt aus der Hand in den Mund geerntet, hier zelebrieren wir die Zubereitung frischer Produkte und die Lust am Gemüsegarten.

Oben Ein einfacher Liegestuhl ist zwar kaum zu schlagen, doch die Bespannung wird schnell schmutzig.

Links In der angenehmen Schaukel kann man sich nach der Arbeit wunderbar entspannen.

Rechts Diese einfache Freiluftküche ist nur wenige Schritte vom Garten entfernt. Sie ist mit einem Steinofen und robusten Planken ausgestattet. Hier werden die frischen Produkte aus dem Garten verarbeitet, und hier spanne ich aus, wenn die Arbeit getan ist.

Fachbegriffe verstehen

Abhärten

Pflanzen, die im Zimmer (Gewächshaus) aus Samen gezogen wurden, brauchen eine gewisse Zeit, um sich an die tieferen Temperaturen des Freilands zu gewöhnen.

Ableger

An Ausläufern oder Seitensprossen bilden sich bewurzelte Pflänzchen, die man von der Mutterpflanze abtrennen und eigenständig kultivieren kann. Artischocken und Erdbeeren bilden Ableger.

Aufhäufeln

Die Erde wird mit einer Hacke zu einem kleinen Hügel um die Pflanze hochgezogen, um den unteren Teil abzudecken. Kartoffeln werden gewöhnlich aufgehäufelt.

Ausdünnen

Bei der Aussaat ins Freiland keimen stets mehr Pflanzen aus, als man letztlich gebrauchen kann. Die jeweils schwächsten Exemplare werden ausgerissen, damit die anderen bessere Wachstumschancen haben.

Ausläufer

Oberflächlich wachsender Seitentrieb, der sich zu einem Ableger entwickeln kann. Erdbeeren bilden Ausläufer.

Begleitpflanze

Pflanzen verschiedener Arten, die sich gegenseitig nützen; meist um Schädlinge abzuwehren.

Blattkompost

Blätter verrotten zu einem nährstoffarmen Kompost, der die Struktur des Bodens verbessert.

Breitwürfig säen

Die Samen werden nicht in eine Rille gestreut, sondern gleichmäßig über eine Fläche verteilt.

Containerpflanzen

Pflanzen, die von Saatzuchtanstalten oder Gärtnereien kultiviert und in Plastiktöpfen verkauft werden.

Erbreine Vermehrung

Pflanzensamen, die zu Pflanzen mit denselben Eigenschaften wie die Elternpflanzen auswachsen. Die gezüchteten F1-Hybriden sind nicht erbrein.

F1-Hybriden

Eine erste Generation von Pflanzen, die aus der Kreuzung unterschiedlicher Eltern hervorgeht und besondere Eigenschaften besitzt. Lässt man eine Hybridpflanze Samen bilden, entwickeln sich daraus Tochterpflanzen mit den Eigenschaften der Eltern, sie sind nicht erbrein.

Gabelwurzeln

Möhren und andere Wurzelgemüse bilden in sehr fruchtbarem Boden (Mistbeete) nicht eine Hauptwurzel, sondern verzweigen sich.

Gründünger

Pflanzen, die als Vorkultur wachsen und in den Boden eingearbeitet werden, um die Fruchtbarkeit zu verbessern.

Kalium

Pflanzennährstoff, siehe Volldünger.

Kalk

Hilfsmittel, um einen sauren Boden-pH-Wert etwas basischer zu machen; Kohl braucht beispielsweise basische Böden.

Knolle

Von Wurzeln oder dem Spross gebildetes, verdicktes Speicherorgan. Kartoffeln, Topinambur oder Dahlien bilden Knollen.

Mehrjährige (Pflanzen) oder Stauden

Pflanzen, die mehrere Jahre lang leben und jedes Jahr blühen. Nur die oberirdischen Teile sterben im Winter ab; im nächsten Frühling wachsen aus den Wurzeln neue Triebe aus.

Mulch

Substanzen, die auf dem Boden ausgebreitet werden, den Boden verbessern, Unkraut unterdrücken und die Feuchtigkeit des Bodens halten.

Phosphate

Pflanzennährstoff, siehe Volldünger.

Resistenz

Manche Sorten haben natürlicherweise oder durch Zucht eine bessere Widerstandskraft gegenüber Schädlingen oder bestimmten Krankheiten als andere Sorten. Allerdings sind auch resistente Sorten nicht völlig unangreifbar.

Saatbeet

Die Erde wird besonders fein zerkleinert, um die Samen gut zu umschließen.

Schießen

Gemüse, das einen Blütenstängel treibt, um Samen und Früchte zu bilden; unerwünscht bei Arten wie Salat und Zwiebeln, die vor der Blüte geerntet werden. Das Schießen kann durch Wassermangel oder Temperaturveränderungen ausgelöst werden.

Steckzwiebeln

Steck- oder Setzzwiebeln sind kleine Zwiebeln von Allium-Arten (Küchenzwiebeln, Schalotten). Es sind Speicherorgane, die wie Samen in den Boden gesetzt werden und zu einer Pflanze auswachsen.

Stickstofffixierung

In den Wurzelknöllchen von Hülsenfrüchten (Erbsen, Bohnen) leben Bakterien, die den Stickstoff der Luft in organische Stickstoffverbindungen umwandeln. Wenn die Wurzeln im Boden bleiben, profitieren die Pflanzen durch Nachkultur von diesen Nährstoffen.

Treiben

Rhabarber oder Meerkohl treiben unter Lichtabschluss schneller aus; zum Treiben gibt es spezielle Glocken, doch jedes lichtdichte Gefäß erfüllt denselben Zweck.

Unkrautvlies

Wasserdurchlässige Folie, die auf Beeten ausgerollt wird und das Durchwachsen von Unkräutern verhindert; die Pflanzen werden durch Schlitze gepflanzt. Unkrautvlies kann unter Rindenmulch oder Kies verborgen werden.

Unterboden

Die Bodenschicht unter dem humushaltigen Oberboden; der Unterboden richtet sich nach dem Ausgangsgestein, ist aber in der Regel unfruchtbar.

Vlies oder Gartenvlies

Stoffartiges, durchlässiges Material, das auf Rollen in Gartencentern verkauft wird. Vlies wird locker über die Pflanzen ausgebreitet, um sie vor Frost oder Insektenbefall zu schützen.

Volldünger, NPK-Dünger

Volldünger enthalten Stickstoff (N; gut für den Blattaufbau), Phosphate (P; gut für Wurzelbildung) und Kalium oder Pottasche (K; gut für Blüten und Früchte).

Zweijährige

Pflanzen, die erst im zweiten Jahr blühen und Früchte tragen.

Register

Halbfett gedruckte Seitenzahlen weisen auf Abbildungen hin

A

Abdeckungen
 – aus Maschendraht **91**
 – separate 205
Abhärten 218
Ableger 218
Abstände 17
Algen als Mulch 169
Anlegen des Gartens 15, 24–37
Aroma 46
Artischocken **118, 119**
 – Anbau 118
 – Probleme 118
 – Sorten 118
Asiatische Salate 58
Astschere 202
Attraktive Gemüsegärten 206–213
Auberginen 47, **111**
 – Anbau 110
 – Blüten **110**
 – Düngen 110
 – Probleme 110
 – Sorten 110
Aufgaben
 – Gartenkalender 192–194
 – Prioritäten 12
Aufhäufeln 75, 77, 218
Ausdünnen 218
Ausläufer 218

B

Beeren 142–147, 150–155
Beete gestalten 22
Beete
 – Form 19
 – frei stehend 28
 – Größe 19
Beete, Hochbeete 17–18, **17**, 164
 – befüllen **32–33**

 – mulchen 166
 – Typen 17
 – Vorteile 18
Begleitpflanzen 188, **189**, 208, 218
Bepflanzen 175, **175**
Blattgemüse 50–59
Blattläuse 56, 109, 187, 188
Blattmangold 47, 51, 208
 – Anbau 51
Blaubeeren 190
Blickpunkte 22
Blumenkohl 47
Blüten
 – essbare 156–161
 – Schnittblumen 210–213
 – Zierblumen 206, **208**, 210–213
Blütenendfäule 106
Boden
 – abdecken 24
 – bearbeiten 12
 – Gartenboden kaufen 164
 – gesunder 164
 – Saatbeete 172
 – verbessern 164
 – Unter- 219
 – vorbereiten 24–25
Bodenfräse, Nachteile 24
Bodentypen 164
Bogen 209
Bohnen
 – säen 172, **173**
 – Samen sammeln 174, **174**
 – Sorten 70
 – stützen 71
Bohnen, Borlotti- 67, **67**, 208
Bohnen, Busch- **64**, 65
 – Anbau 64–66
 – Probleme 66
 – Sorten 65
 – 'Cobra' **208**

 – 'Purple King' **66**
Bohnen, Dicke-
 – Anbau 70–71
 – 'Aquadulce Claudia' 70
 – Probleme 71
Bohnen, Stangen-
 – Anbau 69
 – im Kübel 190
 – Probleme 69
 – Sorten 69
 – 'Celebration' 68
 – Stützen **71**
Boretsch 157, **157**
Borlotti-Bohnen 67, **67**, 208
Boysenbeeren 147
Braunfäule 77, 106
Braunfleckenkrankheit 71
Breitwürfig säen 218
Brokkoli
 – Anbau 93
 – purpurne Form **92**
 – Sorten 93
Brombeeren **147**
 – Anbau 147
 – Probleme 147
 – Sorten 147
 – 'Oregon Thornless' 43, **146**
Buchs als Beetbegrenzung 22
Buschbohnen 64, 65
 – Anbau 65–66
 – Probleme 66
 – Sorten 65
 – 'Cobra' 208
 – 'Purple King' **66**

C

Chemie im Garten 24
Chili **108**
 – Anbau 109
 – Probleme 109
 – Sorten 109
Chinakohl **58**
Chlorose 155

 – 'Purple King' **66**
Containerpflanzen 11

D

Dahlien 210, **212**, 213
 – 'Don Hill' 213
 – 'Fireball' 213
Dicke Bohnen
 – Anbau 70–71
 – Probleme 71
 – Sorten 70
 – 'Aquadulce Claudia' 70
 – Stützen **71**
Dränage 18, 164
Düngen und Dünger 170
 – Grün- 218

E

Echter Mehltau 114
Einzelblattsalate 58–59, **58, 59**
 – Anbau 58–59
 – Probleme 59
Erbsen 46, **60, 61**, 63
 – Anbau 61–63
 – im Pflanzgefäß **191**
 – Probleme 63
 – Säen 62
 – Sorten 61
Erbsenwickler 63
Erdbeere
Erdbeeren **142**
 – Anbau 143–144
 – Frostschutz 145
 – Mulchen **144**
 – in Pflanzgefäßen **191**
 – Probleme 144
 – Sorten 143
 – 'Florence' **143**
Erdflöhe 82
Essbare Blüten 156–161

F

F1-Hybride 218
Fachbegriffe 218–219
Fenchel 47
Fettfleckenkrankheit 69

Flaschen
– Plastik- 205
– Plastikflaschen als Namensschild **214**
Florfliegen 187, 188
Frösche 185
Fruchtfolge 182
Fruchtgemüse 104–125
Frühling, Arbeiten im 192–193
Frühlingszwiebeln **140, 141**, 188, 208, **208**
– Anbau 140
– Sorten 140

G
Gabelwurzeln 218
Gallmilben 148
Gartenerde kaufen 164
Gartengeräte 205
Gartengestaltung 15, 16–23
Gartenkalender, Aufgaben 192–194
Gartenplan 8, 19
Gartenschnur 202
Gartentagebuch 40
Gärtnereien 38
Gemüse
– Auswahl 43–47
– besser nicht anbauen 46–47
– Blatt- 50–59
– Frucht- 104–125
– Hülsenfrüchte 60–71, 182
– Kohlsorten 44–47
– leicht anzubauen 44
– Mengen 8
– pflegeleichtes 49–141
– Salate 54–59
– Sorten 45–46
– Stängel und Knollen 96–103
– Wurzeln und Knollen 72–87
– Zwiebelfamilie 126–141
Gemüsegarten
– Anlegen 15, 24–37
– Erweiterungen 34
– Gestaltung 15, 16–23

– Größe 16
– Lage 16
– mein erster 28, **28–29**
– Pläne 8, 19
– Schönheit im 206–213
Gewächshaus 11
Giersch 179
Gießen 11, 180–181
– Bedürfnisse der Pflanzen 181
– in Pflanzgefäßen 190
– Systeme 36–37, **36, 37**
Gießkannen **202**, 214
Gladiolen 210, 213
– 'Green Goddess' **212**
Glossar 218–219
Grabgabel 202
Grasschnitt als Mulch 169
Grauschimmel 144
Grillplatz 216, **217**
Gründünger 218
Grünkohl 58, 208
– Anbau 94
– Probleme 94
– Sorten 94
– 'Redbor' **95**
Gurken **120**
– Anbau 121
– Dünger 170
– Kletterunterlage **209**
– Probleme 121
– Sorten 121
Gurkenmosaikvirus 114, 121

H
Hacken 202
Hahnenfuß, Kriechender 179
Handschaufel 202
Handschuhe 205
Herbst, Arbeiten im 194
Himbeeren 153
– Anbau 152–155
– im Pflanzgefäß 190
– Probleme 15
– Sorten 152
– Stützen **152, 154**
Himbeerkäfer 155
Hochbeete 17–18, **17**, 164
– füllen **32–33**

– mulchen 166
– Typen 17
– Vorteile 18
Höhen, Pflanzen und Objekte 209, **209**
Holzasche als Mulch 169
Hülsenfrüchte 60–71
– Fruchtfolge 172

I
Igel 185
Insekten
– Bestäuber 188
– nützliche 188
Internet 38

J
Jäten, Hacken 178, **179**
Johannisbeeren, Anbau 148
Jungpflanzen, jäten 172

K
Kalium 170, 218
Kalk 218
Kaninchen 185
Kapuzinerkresse **160**, 161, 188, **189**, 208
Kartoffeln 72, 73–77, **73**, 185
– Anbau 74–77
– Aufhäufeln 75, 77
– Fruchtfolge 182
– Kategorien 73
– Probleme 77
– in Schlitzfolie 24
– setzen **64–65**, 74
– Sorten 71, 73
– 'Kestrel' **76**
– Vortreiben 74
Kartoffelschorf 77
Kielschnegel 77
Kies, Wege aus 20, **21**
Kletterunterlage, siehe Stützen
Knoblauch **132, 133**
– Anbau 132–134
– pflanzen **134, 135**
– Probleme 134
– Sorten 132
Knollen 72–87, 102–103, 218

Knollenfenchel 47
Knollensellerie 47, **102**, 103
– Anbau 103
– Sorten 103
Kohl **177**
– Anbau 89–91, **90–91**
– pflanzen 90
– Probleme 91
– Rot- 208, **208**
– Schutz **90–91**
– Sorten 89
– 'January King' **171**
– 'Tundra' **89**
Kohlfliege 45, 91
– Schutz vor **90**
Kohlhernie 91
Kohlrüben 47
Kohlsorten 88–95
– Düngen 170
– Fruchtfolge 182
– pflanzen 175
Komatsuna 58
Kompost
– Beladen 200
– geeignetes Material 198
– herstellen 198–200
– im Garten 11, **164, 165**, 168
– Pilz- 169, 218
– Probleme 200
– Samen 205
– Schnellkomposter 200
– ungeeignetes Material 199
Komposthaufen 199
Kompostkasten 199
Kompostwürmer 200
Kopfsalat **54, 57**, 208
– Anbau 55–56
– Probleme 56
– Sorten 55, 208
Korb **13, 203**, 214
Krankheiten 12, 184
– und Fruchtfolge 182
– Resistenz 8, 45, 219
Kröten 185
Küche im Freien 216, 217
Kürbis 47, **116**, 117, 185
– Anbau 117
– pflanzen 175

– Probleme 117
– 'Racer' **10**
– Sorten 117

L

Larven, Stachelbeerblatt-
wespe 151
Lasagne-Beete 25
Laubkompost 218
– als Mulch 169
– Herstellung 201
– Sammelkasten **201**
Laufkäfer 185
Lavendel 158, 158
– als Beetbegrenzung
22
Libellen 187, 188
Listen 38, 40
Loganbeere 147
Lorbeerbäumchen **18,**
209, **209**
Löwenzahn 179

M

Mangold 208
Marienkäfer 187, 188
Märzveilchen 161, **161**
Maschendraht **63, 91,** 205
Maulwurfhaufen 172
Mäuse 63, 186
Mehltau 63, 121, 128
– Echter 114
– Stachelbeer- 151
Mehrfachsaat 40
Mehrjährig 219
Mehrjährige Pflanzen 46
Messer 202
Mist 11, 164, 166
– als Mulch 169
Mizuna 58, **58**
Möhren 78, **79, 80,** 208
– Anbau 78–81
– Probleme 81
– Sorten 78
Möhrenfliege 45, 81
Montbretien 210, 213
– 'Walberton Yellow'
213
Mosaikvirus 114
Mulch 164, 168–169, 218
– Aufgaben 168

– Beete ohne Umgraben
11, 166
– Beete vorbereiten
26–27
– Bodenvorbereitung 25
– Definition 168
– Formen 168–169
– für Hochbeete 166
– mehrschichtig 25, **25**
– Regeln 166
– schwebender 168
– Unkraut unterdrücken
179
– Verwendung 11
Mulchmaterial 25

N

Nacktschnecken 185
Nährstoffe 170, 198
Namensschildchen 214,
214
Netz, Insekten- 205

O

Obelisk **209**
Obst
– Beeren 142–147,
150–155
– einfach zu kultivieren
44
– Geschmack 46
– Johannisbeeren 148–
149
Obstbäume, Ballerina
190, 209
Organisches Material,
Kompost 11, 164, 166,
166

P

Papiermulch 169
Pappe als Mulch 169
Paprika 47
– Anbau 109
– Dünger 170
– Probleme 109
– Sorten 109
Pestizide 187
Petersilie 208
Pfahlwurzeln 219
Pflanzen bestellen 38

Pflanzgefäße
– Formen **191**
– Gemüse in 190, **191**
Pflanzholz 205, **205**
Pflegeleichter Garten, Me-
thoden 8–12, 197–217
Pflücksalat, siehe Kopf-
salat
Phosphate 170
Phosphor 219
Pilzinfektionen 155
Pilzkompost 218
– als Mulch 169
Planen 8, 15, 38–40
Plastik, Unkraut unterdrü-
cken 24
Plastikflaschen als Na-
mensschildchen **214**
Plastikfolie als Mulch 169
Plastikfolie, zum Abde-
cken des Bodens 24
Plastikwannen 202
Porree **183,** 185, 208
– pflanzen **138–139**
– Anbau **137–139**
– Probleme 139
– Sorten 137
– 'Atal' **136**
– 'Pancho' 9, **137**
Postbestellungen 38

R

Radieschen **83,** 208
– Anbau 82
– Probleme 82
– Sorten 82
Raupen 184, 187
Rehe 185
Resistenz 8, 45, 219
Rhabarber **46, 101,** 185
– Anbau 100
– Sorten 100
Rindenmulch 20
Ringelblume 157, **157,**
188, **189,** 208, **208**
Rostpilze 134, 139
Rote Bete
– Anbau 85
– Blätter 58
– 'Boltardy' 9, 84
– Probleme 85
– Sorten 85

Rote Johannisbeeren **149**
– Anbau 148
– Sorten 148
Rucola 58

S

Saatbeet 172, 218
Saatrillen 172
Salate 54–59
Samen
– aussäen 172, **172, 173**
– bestellen 38
– sammeln 174, **174**
– Pflanzen aus 11
Sandböden 164
Schädlinge 12, 184–187
– und Fruchtfolgen 182
– Resistenzen 8, 45, 219
Schalotten
– Anbau 131
– Sorten 131
– 'Jermor' 130, **131**
Schatten, Gemüse für
den 47
Schießen 218
Schimmel, Grau- 144
Schlafmützchen 188
Schlickböden 164
Schmetterlinge 187
Schnecken 125, 185
– Schutz vor 185
Schnittblumen 210–213
Schnittlauch 156, 157,
188, 208
Schnur 202
Schubkarre 202
Schwarze Blattläuse 71
Schwarze Johannisbeeren
148
– Anbau 148
– Probleme 148
– Sorten 148
Schwebender Mulch 168
Seile als Kletterhilfe, Bau
30, **30–31**
Sellerie 47
Senf 58
Setzzwiebeln 219
Sitzplätze 216, **216, 217**
– mobile 22
Sommer, Arbeiten im 193
Sommersorten 91, 176

Sorten auswählen 45–46
Spannleine 202
Spargel **97**
 – Anbau 97–98
 – pflanzen **98–99**
 – Probleme 98
 – Sorten 97
Spargelhähnchen 98
Spaß am Garten 12
Spaten 202
Spiegelkugel **207**
Spinat- (Blattmangold-)
 Beet 47, **51**, 208
Spinat 47
 – Anbau 51
Sprühmittel zur Unkraut-
 beseitigung 24
Spurenelemente 170, 198
Stachelbeerblattwespe
 151
Stachelbeeren **151**
 – Anbau 151
 – Hochstamm 209
 – Probleme 151
 – Sorten 151
 – 'Invicta' **150**
Stachelbeermehltau 151
Standort des Gartens 16
Stängel und Knollen
 96–103
Stangenbohnen
 – Anbau 69
 – in Pflanzgefäßen 190
 – Probleme 69
 – Sorten 69
 – 'Celebration' **68**
Stangenzelte 18, 209, **209**
Steckzwiebeln 219
Stickstoff 170, 182, 219
Stickstofffixierung 182,
 219
Stielmangold **53**
 – Anbau 52
 – Sorten 52
Stroh als Mulch **168**, 169
Studentenblume 188
Stützen **71**, **152**, **154**, 209,
 209
 – Seile 209
 – Seile, Anbringen 30,
 30–31
Sumpfblume 188

T
Taybeeren 147
Tomaten **107**
 – Anbau **105–106**
 – Dünger 170
 – in Pflanzgefäßen **191**
 – Kirsch- **191**
 – pflanzen **106**
 – Probleme 106
 – Reife 106
 – Sorten 105
 – 'Tumbler' **105**, **106**
 – 'Tumbling Tom' **106**
 – Stab- 47
Tomatengrün 106
Tonböden 164
Topinambur
 – Anbau 86
 – Probleme 86
 – Sorten 86
 – 'Fuseau' **87**
Treiben 218
Tunnel 209

U
Umgraben
 – Beete ohne Umgraben
  11, 164, 166, **166**
 – Boden säubern 24
 – Nachteile 166
Unkraut jäten 179
Unkraut jäten zwischen
 Jungpflanzen 172
Unkräuter 12
 – abdecken 24
 – aggressive 179
 – Beete säubern 24
 – einjährige 173
 – mehrjährige 179
 – Probleme mit Motor-
  fräsen 24
 – Unterdrücken mit
  Unkrautvlies 28
Unkrautvlies 28, 218
Unterboden 219

V
Viren 155
Vlies 168, 205, 218
Vögel abschrecken 63,
 125, 144, 186–187, **187**
Vogelscheuchen 214, **215**

Volldünger 219

W
Wannen, Plastik- 202
Wege 20, **20**, 21
 – Kies-, anlegen 20
Weiße Fliege 188
Weiße Johannisbeere
 – Anbau 148
 – Sorten 148
Weißfäule 128
Werkzeuge **13**, 202–205,
 203
 – Aufbewahren 205
 – wichtige 205
Wespen, parasitische 188
Wicken **206**, **210**, 210
Wildtiere, sicherer Zaun
 28
Windbrecher 16
Winter, Arbeiten im 194
Würmer 11, 164
Wurmkompost
Wurzelgemüse 72–87
 – Fruchtfolge 182

Z
Zaun, wildsicherer 28
Zaunwinde 197
Zeitungspapier als Mulch
 169
Zucchini **113**, 185
 – Anbau 113–114
 – Düngen 170
 – pflanzen 175
 – Probleme 114
 – Säen 172
 – Sorten 113
 – 'El Greco' **114**
 – 'One Ball' **112**, **115**
 – 'Orelia' **45**
Zucchiniblüten 113, 158,
 159
Zuckererbsen
 – Anbau 61–63
 – Sorten 61
Zuckermais **122**, **123**, **124**,
 168, **206**
 – Anbau 122–125
 – pflanzen 175
 – Probleme 125
 – Sorten 122

Zweijährige 218
Zwiebelgewächse 126–141
Zwiebeln **45**, 46, 185, 208
 – Anbau 127–128
 – Hüllen trocknen **129**
 – pflanzen **128**
 – Probleme 128
 – Sorten 127
 – 'Herkules' **127**
 – Steckzwiebeln **128**
Zwiebeln, Frühlingszwie-
 beln **140**, **141**, 188,
 208, **208**
 – Anbau 140
 – Sorten 140

Danke!

Mein besonderer Dank gilt dem Fotografen **Clive Nichols** für die wunderbaren Aufnahmen, endlose Geduld und seine durchweg gute Laune. Ich schulde Emma Pattison von New Holland Publishers großen Dank, weil sie dem Projekt vertraut und es mit Enthusiasmus vorangetrieben hat. Ich danke Jason Douglas für seine harte Arbeit und gute Laune, die mich immer wieder aufgemuntert hat; Jon Hobson hat die Grundlagen für den Garten gelegt und Peter Wheeler die hervorragenden Schreinerarbeiten angefertigt. Meinen Eltern danke ich für die Unterstützung, ihre Geduld, wenn ich ihnen ein ums andere Mal voller Begeisterung von meinem Gemüse erzählt habe und weil sie mir einige wunderbare alte Werkzeuge überlassen haben. Schließlich möchte ich aus tiefem Herzen meinen Kindern Harriet, Nancy und Joshua, sowie meinem Ehemann David danken, die mir gelegentlich geholfen haben und (fast) alles aufaßen, was ich ihnen aus dem Garten vorsetzte.

Meine Kontaktadresse lautet www.clarematthews.com.